Nürnberg – Kleine Stadtgeschichte

Michael Diefenbacher
Horst-Dieter Beyerstedt
Martina Bauernfeind

Nürnberg

Kleine Stadtgeschichte

VERLAG FRIEDRICH PUSTET
REGENSBURG

UMSCHLAGMOTIV
Ansicht der Stadt Nürnberg (Detail), Kol. Holzschnitt 1493.
Aus: Hartmann Schedel, Liber chronicarum

BIBLIOGRAFISCHE INFORMATION DER DEUTSCHEN NATIONALBIBLIOTHEK
Die Deutsche Nationalbibliothek verzeichnet diese Publikation in der Deutschen Nationalbibliografie; detaillierte bibliografische Angaben sind im Internet über http://dnb.d-nb.de abrufbar.

3., überarbeitete und aktualisierte Auflage 2024

Gutenbergstraße 8 | 93051 Regensburg
Tel. 0941/920220 | verlag@pustet.de

ISBN 978-3-7917-2941-1
Reihen-/Umschlaggestaltung und Layout: www.martinveicht.de
Satz: Vollnhals Fotosatz, Neustadt a. d. Donau
Druck und Bindung: Friedrich Pustet, Regensburg
Printed in Germany 2024

eISBN 978-3-7917-6124-4 (epub)

Unser gesamtes Programm finden Sie unter
www.verlag-pustet.de

Inhalt

Vorwort

Schauplatz eines Höhepunktes deutscher Kultur zur Dürerzeit wie ihres Tiefpunktes im Dritten Reich, Symbol politischer und wirtschaftlicher Modernität und zugleich der Rückwärtsgewandtheit in ihrer harmlos-behaglichsten wie ihrer brutalsten und menschenverachtendsten Form: Wohl nur wenige deutsche Städte vereinen solche Widersprüche in ihrer Geschichte. Das Interesse an dieser Geschichte zu wecken und Einblicke in ihre übergeordneten Bezüge, aber auch in das Leben »vor Ort« zu vermitteln, ist die Absicht der vorliegenden »Kleinen Nürnberger Stadtgeschichte«.

Auch eine »Kleine Stadtgeschichte« muss, wenn ihr Gegenstand so facettenreich und vielschichtig ist wie im Falle Nürnbergs, die Arbeitskraft eines Einzelnen übersteigen. Der vorliegende Band ist daher eine Gemeinschaftsarbeit dreier Verfasser, wobei die Abgrenzung ihrer Arbeitsbereiche chronologischen Kriterien folgt:

- Der Aufstieg Nürnbergs von den Anfängen bis zur Verdrängung der Burggrafen 1427: Dr. Michael Diefenbacher,
- Blütezeit und Niedergang der Reichsstadt von 1427 bis zu ihrer Annexion durch Bayern 1806: Dr. Horst-Dieter Beyerstedt,
- Nürnberg unter bayerischer Herrschaft von 1806 bis heute: Dr. Martina Bauernfeind.

Der Umstand, dass alle drei Verfasser an der gleichen Institution – im Stadtarchiv Nürnberg – arbeiteten und sozusagen Wand an Wand tätig waren, gab ihnen die Möglichkeit zu engster Zusammenarbeit bei der Abfassung dieses Werks. Trotzdem ist natürlich jeder Verfasser für seinen Teil selbst verantwortlich.

Möge die »Kleine Nürnberger Stadtgeschichte« ihren Lesern ebenso viel Freude und Erkenntnisgewinn beim Lesen bereiten wie ihren Autoren beim Schreiben!

Nürnberg, Sommer 2017 *Die Autoren*

Vorwort zur 3. Auflage

Wie kaum eine andere deutsche Stadt steht Nürnberg für die Komplexität deutsch-europäischer Geschichte. Dieses Fazit gilt auch heute noch – entsprechend ungebrochen scheint das Interesse an diesem facettenreichen Schauplatz großer und kleiner Geschichte(n) zu sein. Wir freuen uns sehr, dass diese »Kleine Stadtgeschichte« 12 Jahre nach der Erstveröffentlichung jetzt bereits eine 3., überarbeitete und aktualisierte Auflage erfährt. Nürnberg zählt inzwischen über 540.000 Einwohnerinnen und Einwohner, beherbergt eine Reihe von Landes- und Bundesbehörden sowie Einrichtungen aus Kultur, Bildung und Wissenschaft mit internationaler Ausrichtung, wie eine erst 2021 gegründete Technischen Universität. Zwischen Selbstvergewisserung, Erneuerung und Innovationskraft, mit dem Selbstbewusstsein der einstigen Stadtrepublik, richtet Nürnberg seinen Blick in die Zukunft.

Wir wünschen dieser »Kleinen Stadtgeschichte« auch in ihrer 3. Auflage zahlreiche interessierte Leserinnen und Leser.

Nürnberg, Frühjahr 2024 *Die Autoren*

Dunkle Anfänge

Naturräumliche Voraussetzungen

Nürnberg liegt mitten im nur wenig fruchtbaren, als »Streusandbüchse« verschrienen Nürnberger Becken, zu Füßen der auf einem Felssporn gelegenen Burg, auf beiden Ufern der seichten und nicht schiffbaren Pegnitz. Im Norden, Osten und Süden ist es vom früher noch weit größeren Nürnberger Reichswald umgeben, im Westen liegt altes Kulturland, das von der Rednitz-Regnitz-Furche aus entlang der Pegnitz nach Osten herüberreicht. Von dieser schon in fränkischer Zeit besiedelten und durch Königshöfe organisierten Rednitz-Regnitz-Furche aus erfolgte im Frühmittelalter die Besiedlung der östlich gelegenen Waldgebiete des bayerischen Nordgaus durch fränkische Siedler, der auch Nürnberg sein Entstehen verdankt.

Die günstigere Verkehrslage im Nürnberger Becken am Zusammenfluss von Pegnitz und Rednitz kommt dem im Vergleich zu Nürnberg älteren Fürth zu. Ausgangspunkt der erst spät beginnenden, dann aber stürmischen Entwicklung Nürnbergs waren weder eine günstige lokale Verkehrslage noch fruchtbare Böden oder Bodenschätze, sondern politisch-militärische Zwecke der römisch-deutschen Könige: nämlich die gezielte Schaffung eines Verwaltungsmittelpunkts für das umliegende Reichsland.

Nürnbergs Frühgeschichte

Die Keimzelle der Stadt war die auf dem Burgsandsteinfelsen errichtete Burg, nach jüngsten Forschungen ursprünglich eine Adelsburg der Markgrafen von Schweinfurt aus dem 10. Jahrhundert. Spätestens mit der Befestigung des Burgfelsens entstand zu dessen Füßen eine erste Siedlung. Diese ist durch Keramikfunde im Burgbereich, in der Weißgerbergasse/

DER NÜRNBERGER REICHSWALD

Auf einer Fläche von heute ca. 26.000 ha erstreckt sich halbkreisförmig im Norden, Osten und Süden Nürnbergs der Nürnberger Reichswald. Er wird von der Pegnitz geteilt in den nördlichen Sebalder (ca. 11.200 ha zwischen den Städten Erlangen, Nürnberg und Lauf) und den südlichen Lorenzer Reichswald (ca. 14.700 ha zwischen den Städten Nürnberg, Schwabach und Altdorf) und stellt das fünftgrößte zusammenhängende Waldgebiet Bayerns außerhalb der Alpen dar. Der ursprüngliche Baumbestand aus Eichen und Buchen verschwand während des Hochmittelalters aufgrund der intensiven Nutzung durch die Reichsstadt Nürnberg als Bau- und Nutzholz, als Energieträger bzw. zur Gewinnung von Sandstein, Ton und Kalk. Zur Aufforstung verödeter Flächen führte Peter Stromer (1310–1388) 1368 die Waldsaat von Nadelholz (Fichten und Kiefern) ein und begründete damit die geregelte Forstwirtschaft. Weiterer unkontrollierter Holzeinschlag, die Wilddichte in den von den Nürnberger Burggrafen und Markgrafen von Ansbach-Bayreuth beanspruchten Jagdrevieren sowie die Waldweide und Tierstreunutzung der Bauern in den umliegenden Ortschaften führten dazu, dass der Reichswald am Anfang des 19. Jahrhunderts kein geschlossenes Waldgebiet mehr darstellte; der Hochwald umfasste nur noch ca. 30 Prozent der Gesamtfläche. Die folgende Aufforstung durch Kiefermonokulturen führte 1893–1896 zu Insektenbefall, als Raupen des Kieferspanners ca. 1/3 des neuen Baumbestands kahl fraßen. Der moderne Siedlungsbau und der Ausbau der Verkehrsinfrastruktur führten im 20. Jahrhundert zu enormen Flächenverlusten. Die Bannwaldausweisung 1980 und das Reichswaldprogramm zwischen 1986 und 2003 mit dem systematischen Aufforsten durch Laubholz steuerten diesem Trend entgegen. Heute kann der Bestand des Reichswalds als gesichert gelten.

HINTERGRUND

Irrerstraße, in der Tetzelgasse/Theresienstraße, am Fünferplatz, in der Obstgasse und am Hauptmarkt in ihrer Ausdehnung umrissen.

Nach der 1003 erfolgten Zerstörung dieser Burg wurde im 11. Jahrhundert mit einem Palasbau und zwei kleineren Gebäuden eine königliche Pfalz errichtet. Hier fand jener Hoftag statt,

Mit nur zwei Naturschätzen ist Nürnberg in größerem Umfang gesegnet: Holz und Burgsandstein. Der Schlüsselstein im Reichswald bei Nürnberg-Fischbach.

auf dem Kaiser Heinrich III. am 16. Juli 1050 eine Urkunde ausstellte, in der Nürnberg erstmals erwähnt wurde.

Eine Burg, zumal eine königliche Pfalz, bedingte eine ihr zugeordnete Siedlung mit der Infrastruktur an Handwerkern (Bäcker, Metzger, Schmiede etc.) und Einquartierungsmöglichkeiten, die man benötigte, um 1050 hier einen kaiserlichen Hoftag abhalten zu können. Dieses frühe Nürnberg lag direkt unterhalb der Burg auf der Sebalder Seite und beschränkte sich auf die hochwassergeschützte Niederterrasse oberhalb des Pegnitzsumpfes. Sie reichte im Osten bis zum Königshof bei St. Egidien, im Süden bis zum heutigen Rathausareal und im Westen bis zum Bereich Weinmarkt/Weißgerbergasse/Irrerstraße. Im Zentrum der Siedlung lag eine Peterskapelle, die spätere Sebalduskirche.

Ähnlich wie heute noch in Regensburg oder in toskanischen Städten sichtbar, sind als früher Haustypus in Nürnberg durch Grabungen Turmhäuser aus dem 11./12. Jahrhundert belegt, die – im Spätmittelalter und in der Frühneuzeit um- und ausgebaut – in den Bombennächten des Zweiten Weltkriegs untergingen.

Die Nürnberger Burg

Der heute sichtbare Komplex auf dem etwa 200 m langen, 50 m breiten und rund 50 m über der Pegnitz gelegenen Burgsandsteinfelsen besteht aus Bauteilen des 11. bis 13. Jahrhunderts, der Großteil der Bauten stammt jedoch aus dem 15. Jahrhundert. Baugeschichtlich und topografisch lässt er sich in drei Bereiche unterteilen: den Bereich der Kaiserburg im Westen des Bergsporns, die Reste der ursprünglich etwa ebenso alten, wohl im 12./13. Jahrhundert rechtlich und baulich von der Kaiserburg abgetrennten Burggrafenburg und die vom 14.–16. Jahrhundert errichteten reichsstädtischen Bauten im Osten (Luginsland, Kaiserstallung) und hinter der Burg (Burgbasteien). Nach Vorläufern des 10. Jahrhunderts entwickelte sich die Burg als Stätte zahlreicher Reichs- und Hoftage frühzeitig zu einem politischen Zentrum der mittelalterlichen Reichsgewalt. Im frühen 12. Jahrhundert lag sie mehrfach im Brennpunkt militärischer Auseinandersetzungen um das hochmittelalterliche Königtum (König Heinrich V. 1105, König Lothar von Supplinburg 1130) und wurde nach 1140 von den Staufern zur Reichsburg und Kaiserpfalz ausgebaut. Die seit dem Interregnum bestehende räumliche und rechtliche Trennung zwischen der Kaiserburg, die seit dem frühen 14. Jahrhundert der Reichsstadt Nürnberg anvertraut war und seit 1422 von dieser auch baulich unterhalten wurde, und der Burggrafenburg blieb auch nach deren Verkauf an die Stadt 1427 weiter bestehen (die Kaiserburg war Reichsburg unter städtischer Verwaltung, die Burggrafenburg war seither in städtischem Besitz). 1806 gelangte die Burg zusammen mit der Reichsstadt Nürnberg an das Königreich Bayern und, nachdem einzelne Teile 1811 städtisch geworden waren, 1855 als Ganzes in den Besitz des bayerischen Staates. Im 19. Jahrhundert erfolgten umfängliche Restaurierungen, so 1834/35 eine historisierende Instandsetzung unter Karl Alexander Heideloff und 1891/92 eine weitere unter August von Essenwein; die späteren Einbauten wurden 1934/35 durch die bayerische Verwaltung der staatlichen Schlösser, Gärten und Seen wieder entfernt.

Hoch überragt die mächtige, dreigliedrige Burg die Stadt. – Luftbild, um 1930/38 (StadtAN E 10/30 Nr. 22).

Die besitzrechtlich bestehende Zweiteilung zwischen kaiserlich/staatlicher und städtischer Burg besteht bis heute fort: Die Kaiserburg untersteht der Verwaltung des Freistaats Bayern, während für die Verwaltung der östlich anschließenden Bauten die Stadt Nürnberg zuständig ist. 1944/45 wurden weite Teile der Burg zerstört; einigermaßen unbeschädigt blieb nur die romanische Burgkapelle mit dem Heidenturm. Der Wiederaufbau wurde erst 1976 abgeschlossen. Der Nürnberger Burg, bis heute eines der beliebtesten Touristenziele der Stadt, kommt symbolische Bedeutung nicht nur für die Stadt-, sondern auch für die Reichsgeschichte zu.

Von der königlichen Stadt zur Reichsstadt

Nürnberg in der Salierzeit

Nürnberg wurde erstmals in der am 16. Juli 1050 ausgestellten Urkunde Kaiser Heinrichs III. erwähnt. Das Diplom wurde auf einem Hoftag in Nürnberg ausgestellt und handelt von der Freilassung einer Hörigen namens Sigena. In der Datumszeile findet sich die erste Nennung der Stadt als »Nourenberc«. Der Name ist zu deuten als felsiger, steiniger Berg, gemeint ist der inmitten ausgedehnter Wälder emporragende Sandsteinfelsen, auf dem die Nürnberger Burg erbaut wurde.

Die Gründung Nürnbergs geschah im Zusammenhang mit der Zusammenfassung und Sicherung des Reichsguts im Raum zwischen Bayern und Sachsen, Ostfranken und Böhmen durch König Heinrich III. Zugleich diente die wiedererrichtete Burg als Stützpunkt für seine Feldzüge gegen den Böhmenherzog. Vom benachbarten, in karolingische Zeit zurückreichenden

HINTERGRUND

DIE SIGENA-URKUNDE

Auf dem Weg von Burgund nach Mitteldeutschland weilte Kaiser Heinrich III. im Jahre 1050 in Nürnberg, wo er am 16. Juli auf einem Hoftag die Freilassung einer Leibeigenen namens Sigena urkundlich bestätigte. Bei der Sigena-Urkunde liegt die Bedeutung für Nürnberg in den Formalien: Die Datumszeile, *actum Nourenberc* (»gegeben zu Nürnberg«) belegt erstmals urkundlich die Existenz der späteren Metropole Frankens. Ein kaiserlicher Gnadenakt war also der Anlass für die erste Nennung der später so bedeutenden Reichsstadt Nürnberg. Über die Person der im Jahr 1050 aus der Leibeigenschaft entlassenen Sigena sind außer der vorliegenden Urkunde keine schriftlichen Belege vorhanden. Auch über den Adeligen Richolf, der als ehemaliger Leibherr ihre Freilassung bei Kaiser Heinrich durch den symbolischen Rechtsakt der aus der Hand geschlagenen Münze (*excusso denario*) erbeten hatte, lassen sich keine gesicherten Aussagen machen.

und im frühen 11. Jahrhundert an das neu gegründete Bistum Bamberg gegebenen Königshof Fürth übertrug Heinrich III. bald nach 1050 das Marktrecht nach Nürnberg.

Wenig später klammerte sein Sohn Heinrich IV. das Reichsgut um Nürnberg aus der zum bayerischen Nordgau gehörenden Grafschaft Hirschberg/Sulzbach aus und bildete aus ihm einen eigenen Hochgerichts- und Verwaltungsbezirk des Reiches. Dieser umfasste im Wesentlichen die beiden Nürnberger Reichswälder sowie einige Rodungen und Ausbausiedlungen nördlich, östlich und südlich der Stadt, die später zur Alten Landschaft, dem Grundstock des Nürnberger Territoriums, zählen sollten.

In der Stadt selbst dürften von Anfang an mehrere Siedlungskerne bestanden haben, in denen Burgleute aus dem

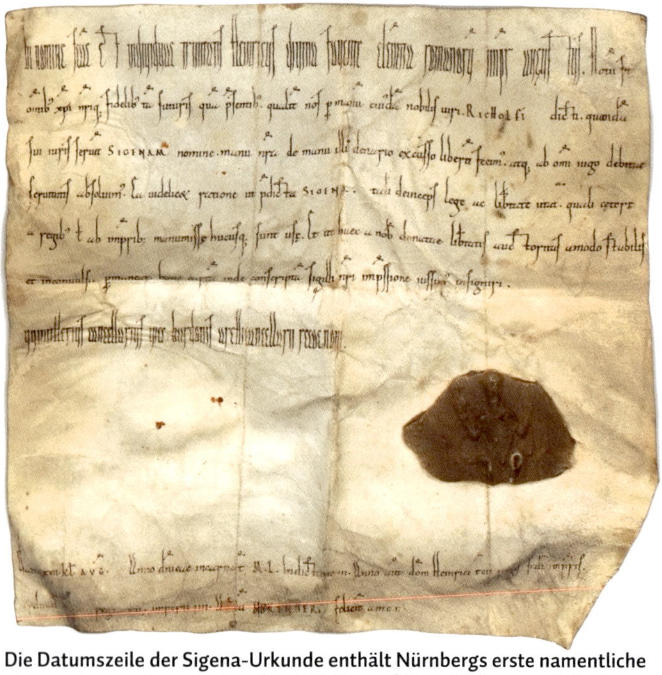

Die Datumszeile der Sigena-Urkunde enthält Nürnbergs erste namentliche Nennung. – Pergamenturkunde, 16. Juli 1050 (StadtAN A 1, 1050 Juli 16).

Ministerialenstand, Händler und Handwerker nebeneinander lebten: der Burgweiler südlich unterhalb der Burg sowie auf beiden Seiten der Pegnitz je ein Königshof bei den späteren Kirchen St. Egidien und St. Jakob.

Nürnberg unter den Staufern

Als mit dem Tod Kaiser Heinrichs V. 1125 das salische Haus erlosch, beanspruchten die staufischen Herzöge von Schwaben Nürnberg als Erbgut, konnten aber ihre Forderungen nicht gegen König Lothar von Supplinburg durchsetzen, sodass Nürnberg 1138 wieder Reichsgut wurde. Zwar gab Lothar die Stadt an seinen Gefolgsmann Herzog Heinrich den Stolzen von Bayern weiter, doch konnte König Konrad III., der erste staufische König, sie für das Reich zurückgewinnen. Unter diesem setzte vor der Mitte des 12. Jahrhunderts der Aufstieg der Stadt ein: Er errichtete die Burggrafschaft mit Gericht und Verwaltung über Nürnberg und das umliegende Reichsgut. Seit seiner Regierungszeit wurden in Nürnberg Münzen geschlagen, und eine königliche Ministerialität begann, das Umland als staufisches Reichsland zu organisieren. Zu jener Zeit erweiterte sich der Burgweiler nördlich der Pegnitz bis hin zum Fluss, u. a. durch ein 1147 auf dem Areal des heutigen Haupt- und Obstmarktes errichtetes Judenviertel zur Aufnahme von aus dem Rheinland vertriebenen Juden. Ebenfalls unter Konrad entstand in Anlehnung an den südlichen Königshof bei St. Jakob eine »Neustadt« mit regelmäßig lanzettförmigem Grundriss der Straßenzüge – die Lorenzer Stadtseite, die zunächst noch durch die Pegnitz von der Sebalder Stadtseite getrennt blieb.

Unter den frühen staufischen Herrschern entwickelte sich auch die spätere kirchliche Organisation Nürnbergs. Die Anfänge der Sebalduskirche, der nördlichen Pfarrkirche, gehen bis in die Frühzeit der Stadt zurück. Um 1070 beginnt der Sebalduskult mit einer Wallfahrt zu den Gebeinen des erst 1425 von Papst Martin V. heiliggesprochenen Einsiedlers, die in einer einfachen Kapelle verehrt wurden. Später wurden diese Gebeine in einem kostbaren Schrein verwahrt, um den Peter

Bronzefigur des hl. Sebald am Sebaldusgrab Peter Vischers in der Sebalduskirche, um 1508/19. – Fotografie von 1935 (StadtAN A 44 Nr. C 14737).

DER HEILIGE SEBALD

Historische Fakten über den Heiligen Sebald sind nahezu völlig unbekannt. Vermutlich gehörte der Nürnberger Stadtpatron der Frömmigkeitsbewegung des 10./11. Jahrhunderts an, die die Kirche aus allen weltlichen Abhängigkeiten befreien wollte, und lebte als Einsiedler im Sebalder Reichswald. Die ihm nachgesagte adelige Herkunft und Zugehörigkeit zum Bamberger Domkapitel sind unbeweisbar und eher unwahrscheinlich. Er starb der Legende nach 1070, vermutlich aber um die Mitte des 11. Jahrhunderts, zur Regierungszeit Heinrichs III. Bald nach seinem Tod setzte, ausgelöst von Wunderheilungen, eine Wallfahrt zu seinem Grab bei der Peterskapelle ein (erstmals bezeugt für 1072). Seit ca. 1237 wurde über seinem Grab eine romanische Kirche als Sebalduskirche erbaut, seit ca. 1280 ist die Entwicklung einer Sebalduslegende nachweisbar. 1397 wurden seine Gebeine in einem Silberschrein im Chor der Sebalduskirche aufgestellt. Der Nürnberger Rat betrieb energisch die Heiligsprechung, die am 26. März 1425 durch Papst Martin V. erfolgte und in Nürnberg mit einer achttägigen Prozession gefeiert wurde. 1488/1508–1519 entstand das Sebaldusgrab Peter Vischers. Mit der Reformation endete die Heiligenverehrung, doch blieb Sebald in Nürnberg nicht nur als Namensgeber weiterhin populär. Heute werden die unregelmäßig vorgenommenen Visitationen der Reliquien im Sebaldusgrab von Vertretern der evangelischen und katholischen Kirche sowie der Stadt gemeinsam durchgeführt.

Vischer und seine Werkstatt im frühen 16. Jahrhundert das viel bewunderte Baldachingehäuse schuf.

Neben St. Sebald bildete sich als zweite Kirche nördlich der Pegnitz St. Egidien als königliche Eigenkirche im Zentrum des nördlichen Wirtschaftshofes heraus. Das von Konrad III. 1146 hier angesiedelte Schottenkloster errang unter Rudolf von Habsburg Reichsunmittelbarkeit, die der Konvent bis zur Reformation behaupten konnte.

War St. Sebald ursprünglich eine Filialkirche von Poppenreuth, einem Dorf nordwestlich Nürnbergs, so entwickelte sich südlich der Pegnitz aus einer kleinen Lorenzkapelle als Tochterkirche von St. Martin in Fürth die spätere südliche

Pfarrkirche Nürnbergs. Und auch auf der südlichen Flussseite stand neben der Bürgerkirche eine Königskirche – St. Jakob. Sie lag ebenso wie St. Egidien im Norden in einem königlichen Wirtschaftshof und wurde 1209 von Otto IV. dem Deutschen Orden geschenkt, der hier eine seiner größten Niederlassungen im Reich aufbaute und nahe bei St. Jakob ein Spital samt Kapelle errichtete, das er seiner Tradition entsprechend der heiligen Elisabeth weihte.

Das 12. Jahrhundert bildete einen Höhepunkt in der Baugeschichte der Nürnberger Burg, insbesondere unter den Staufern Konrad III. und Friedrich I. Barbarossa. Zur gleichen Zeit führte die Herausbildung des Burggrafenamtes zur rechtlichen und baulichen Trennung zwischen Kaiser- und Burggrafenburg. Sinwellturm, Doppelkapelle und Palas sind eindrucksvolle Zeugen dieser staufischen Bautätigkeit; die früher vermuteten grundlegenden Umbauten am Palas unter dem Habsburger Friedrich III. (15. Jahrhundert) haben nach heutigem Forschungsstand nicht stattgefunden.

Um 1200 zeigt sich Nürnberg als Mittelpunkt ausgedehnter Reichsgüter im Zentrum der staufischen Territorialpolitik von Schwaben bis Böhmen und Sachsen. Seit 1173/74 ist in der Stadt ein Schultheiß bezeugt und damit ein Stadtgericht nachgewiesen. Die seit Konrad III. bestehende Burggrafschaft fiel nach dem Aussterben der Raabser 1190/92 an die schwäbischen Grafen von Zollern, die später als Markgrafen von Ansbach und Kulmbach/Bayreuth zu den größten Territorialherren des Raums aufstiegen. Ihr Amt als Burggrafen von Nürnberg wurde jedoch auf rein militärische Belange beschränkt, die Verwaltung des Reichsguts und des vor St. Egidien tagenden königlichen Landgerichts oblag einem selbstständigen Amtsträger, Butigler genannt, die Verwaltung der Stadt und das städtische Gericht dem Schultheißen. Der steigende Bedarf des königlichen Hofes und die zunehmende Bedeutung der Stadt zogen verstärkt Handwerk und Handel nach Nürnberg. Beides wurde von den Staufern gefördert.

Am 8. November 1219 erließ Friedrich II. den sogenannten »Großen Freiheitsbrief«, ein erstes Stadtprivileg, das die Nürnberger Bürger unter den alleinigen Schutz des Königs stellte und vor allem auf die Sicherung und Förderung der rechtlichen und wirtschaftlichen Stellung von Handel und Kaufmannschaft abzielte, so z. B. auf den Schutz der Kaufleute vor gerichtlichem Zweikampf sowie auf die Sicherung von Lehenbesitz und Pfandrechten oder auf weitreichende Zollfreiheiten und Münzprivilegien. Diese wirtschaftlichen Privilegien, die auch eine Schmälerung der königlichen Einflüsse und Einnahmen darstellten, waren wohl von der Nürnberger Bürgerschaft erkauft worden. Gleichzeitig trat nun der König im Zuge der staufischen Reichsland- und Städtepolitik als Vogt und alleiniger Stadtherr auf. Er schloss somit rivalisierende Ansprüche etwa der Bischöfe von Bamberg aus.

Nürnberg wird Reichsstadt

Mit dem Niedergang der staufischen Königsmacht beginnt der Aufstieg Nürnbergs zur Reichsstadt. Schon im Großen Freiheitsbrief trifft man auf die Nürnberger Bürgerschaft als Rechtsgemeinschaft. 1254 ist sie erstmals als *universitas civium* bezeugt, ihr eigenes Siegel führt sie seit 1236/42. Wälle und Stadttore der vorletzten Stadtummauerung werden 1256 erstmals erwähnt, drei Türme dieser staufischen Stadtmauer (Tiergärtnerturm, Laufer Schlagturm, Weißer Turm) sind heute noch sichtbar. Um 1320/25 wurden die bis dahin noch getrennten Stadthälften durch zwei starke Bauten über dem Ein- und Ausfluss der Pegnitz miteinander verbunden.

Ein erstes eigenständiges Handeln Nürnbergs als Reichsstadt stellt sein Beitritt zum Rheinischen Städtebund 1256 dar. Dieser erste, 1254 bis 1257 bestehende Städtebund in Deutschland strebte – wohl in Fortsetzung des Mainzer Reichslandfriedens von 1235 – eine neue Form der Landfriedenswahrung an. Gegründet als Bündnis zwischen Mainz, Worms und Oppenheim entstand ein gemischter Bund aus Fürsten und Städten, der vor allem am Oberrhein, später auch am Niederrhein und in Westfalen aktiv war. 1256 erreichte er mit dem Beitritt von Nürnberg und Regensburg seine größte Ausdehnung. Wohl im Zusammenhang mit der Doppelwahl der deutschen Könige

Richard von Cornwall (17. Mai 1257) und Alfons von Kastilien (1. April 1257) brach der Bund auseinander.

Nach dem Untergang der Staufer beanspruchten die Wittelsbacher als deren Erben die Königsstadt. Diesen zweiten Versuch, die fränkische Metropole zu einer bayerischen Landstadt zu machen, vereitelte König Rudolf von Habsburg. Wohl musste er den Zollern 1273 für ihre geleistete Wahlhilfe die Burggrafschaft mit der Vorburg auf dem Burgberg zusammen mit bedeutenden Rechten als Reichslehen überlassen. Ansonsten aber gewann er Nürnberg für das Reich zurück. Damit war der Grundstein gelegt für die Entfaltung der Reichsstadt, zugleich aber auch zu ihrer Rivalität mit den Burggrafen und späteren Markgrafen von Ansbach.

Ins ausgehende 13. Jahrhundert fällt auch die erste große Judenverfolgung in Nürnberg. Während der sogenannten Rindfleisch-Pogrome (benannt nach dem Anführer, einem Metzger namens Rindfleisch) mit über 100.000 Opfern in 147 süddeutschen Gemeinden kam es 1298 zur ersten Auslöschung der jüdischen Gemeinde, bei der 628 Menschen, unter ihnen der Gelehrte Mordechaj ben Hillel und seine Familie, ermordet wurden. Mordechaj ben Hillel war ein Nachkomme bedeutender Tora- und Talmudgelehrter und zählt als Gesetzeskodifikator und Kommentator zu Talmud und Halacha, dem jüdischen Religionsgesetz, zu den herausragenden Weisen des mittelalterlichen Judentums. Daneben widmete er sich der synagogalen Poesie und der hebräischen Grammatik.

Wappen und Siegel der Stadt Nürnberg

Die Stadt Nürnberg führt zwei Wappen. Das Große Stadtwappen (in Blau ein goldener Adlerrumpf mit einem jugendlichen, langhaarigen Königskopf) entwickelte sich aus dem seit 1336/42 geführten Hauptsiegel der Reichsstadt. Das älteste erhaltene Exemplar von 1254 ist aus rotem Wachs gefertigt und zeigt im runden Siegelfeld einen schlanken Königskopfadler. Dem Bild der kaiserlichen Siegel nachempfunden, dokumentierte Nürnberg damit seine Reichsfreiheit. Die Umschrift von

Der »Nürnberger Wappendreipass« vereinigt Reichsadler, Großes und Kleines Stadtwappen und unterstreicht damit Nürnbergs Stellung als Reichsstadt. – Zeichnung in einer Nürnberger Chronik, um 1700 (StadtAN F 1 Nr. 131).

1254 lautet: »Sigillum universitatis civium de Nurenberch«. Das Typar dieses Hauptsiegels blieb anscheinend bis 1368, als das Gefieder des Königskopfadlers durch gitterartige Vertiefungen ersetzt wurde (so bis 1806), unverändert.

Zur Beglaubigung des Hauptsiegels benötigte man ein Rücksiegel, woraus sich das Kleine Nürnberger Stadtwappen entwickelte. Zunächst genügte die bloße Glättung der Rückseite des Hauptsiegels als Bestätigung, dann folgten Eindrücke von Daumen und Fingerspitzen, ab der 1. Hälfte des 14. Jahrhunderts drei waagrechte Kerben. 1346 mussten diese einem bekrönten »N« mit abgekürzter Umschrift »Signetum secretum Nurenbergense« weichen. Da im Zuge des Handwerkeraufstands 1348/49 das Hauptsiegel von den Aufrührern verwendet wurde, erklärte Kaiser Karl IV. deren Urkunden für ungültig und verlieh der Reichsstadt ein neues Rücksiegel (ab 1350 in Gebrauch). Dieses zeigt in einem gespaltenen Schild heraldisch rechts (also vom Betrachter aus gesehen links) am Spalt einen halben Reichsadler, heraldisch links mit fünfmaliger Schrägrechtsteilung sechs Felder, die bei Anfertigung eines neuen Typars 1491 durch drei Schrägbalken ersetzt wurden (Tinkturen als Wappen: heraldisch rechts Schwarz in Gold, heraldisch links von Rot und Silber bzw. später Rot in Silber). Als Kleines Stadtwappen blieb dieses Rücksiegel bis 1806 in Gebrauch. Ab dem 16. Jahrhundert diente es auch als Siegel für den Schriftverkehr einzelner reichsstädtischer Ämter und Deputationen sowie für Nürnberger Handelswaren, Maße und Gewichte als Marken- und Schauzeichen.

Neben dem Hauptsiegel führte die Reichsstadt ein Geheimsiegel (eine kleinere Ausgabe des Stadtsiegels mit gleichem Siegelbild). Es wurde vor allem als Verschlusssiegel für den Briefwechsel des Kleineren Rats verwendet, in der Neuzeit auch als aufgedrücktes, papierüberlegtes Oblatensiegel auf Urkunden. Neben dem Haupt- und Geheimsiegel gab es das Siegel des Reichsschultheißen, das um die Mitte des 14. Jahrhunderts aus braunem Wachs mit dem einköpfigen Reichsadler und von der heraldisch links zur heraldisch rechts gedrehten Blickrichtung zum Siegel des Nürnberger Stadtgerichts wurde. Als Rücksiegel diente wiederum ein »N«.

Im 19. Jahrhundert mussten sich die bayerischen Kommunen das Recht, eigene Wappen zu führen, erst wieder erkämpfen. So wurde 1819 ein neues Nürnberger Amtssiegel geschaffen, das nun aber den in reichsstädtischer Zeit nie offiziell im Siegel geführten, sondern seit dem ausgehenden 15. Jahrhundert nur künstlerisch, meist in Kombination als Nürnberger Wappendreipass (Reichswappen, Großes und Kleines Stadtwappen) gebrauchten »Jungfrauenadler« zum Siegelbild erhielt. Die Streitereien über die Ausgestaltung des offiziellen Nürnberger Stadtwappens zogen sich bis 1897 hin, als Oberbürgermeister von Schuh nun endgültig den Jungfrauenadler verbindlich zum Stadtwappen erkor. Das Kleine Stadtwappen, das in der Zwischenzeit in Vergessenheit geraten war, wurde auf die Gestalt vor 1491 zurückgeführt (fünfmalige Schrägrechtsteilung). 1936 gab man dem Großen Stadtwappen das Bild des reichsstädtischen Hauptsiegels mit dem Königskopfadler zurück. Als solches dient es heute mit der Umschrift »Stadt Nürnberg«, 1971 auf Wunsch des Freistaats um »Bayern« erweitert, als Siegel der Stadt, zur Präsentation verwenden es die Oberbürgermeister, Bürgermeister und Berufsmäßigen Stadträte. Das Kleine Stadtwappen benützen Nürnberger Dienststellen als Siegel und zur Präsentation, es kann aber auch mit Genehmigung der Stadt von Firmen zu Reklamezwecken verwendet werden.

Der Kleinere Rat

Nürnberg war im Spätmittelalter und in der Frühneuzeit eine Großstadt von europäischem Rang, die sich selbst als »Republik« bezeichnete. Regiert wurde sie von einem Kreis politisch privilegierter Familien, die allein alle Ratssitze und Ratsämter besetzten. Diese seit der Zeit des Humanismus als Patriziat bezeichneten Familien erschienen erstmals 1256 in der Beitrittsurkunde zum Rheinischen Städtebund als selbstständiger Rat.

Der Rat bestand seit dem Ende des 13. Jahrhundert aus zwei Kollegien, zuständig für Gerichts- und Verwaltungsangelegenheiten. Beide umfassten jeweils 13 Mitglieder. Dem Gerichtskollegium der *scabini* (Schöffen) stand der Reichsschultheiß vor. Das gewichtigere Kollegium bildeten jedoch die Ratsherren, die *consules*; sie waren in der Lage, alle neu auftauchenden Aufgaben im 14. Jahrhundert an sich zu ziehen. Beide Kollegien verschmolzen um 1320 zum Rat, in Abgrenzung zum Größeren Rat auch häufig als Kleinerer Rat bezeichnet. Dieser Prozess wurde begleitet von der schrittweisen Entmachtung des Reichsschultheißen, dessen Amt zunehmend auf hochgerichtliche Aufgaben beschränkt wurde. Seit 1313 war er dem Rat eidlich verpflichtet, 1339 wurde sein Amt einem Bürger pfandweise überlassen, 1385 erwarb die Stadt die Pfandschaft und schließlich 1427 das ganze Amt.

Eine kurze Unterbrechung im patrizischen Stadtregiment brachte der Handwerkeraufstand 1348/49. Als Reaktion auf diesen wurde der Kleinere Rat 1370 um 16 Mitglieder erweitert. Als Zugeständnis an die Handwerker – immerhin zahlenmäßig die stärkste Bevölkerungsgruppe – wurde je ein Vertreter der acht angesehensten Gewerbe zum Rat zugelassen, doch blieb diesen eine entscheidende Mitwirkung am Stadtregiment versagt. Zeitgleich mit den Handwerksherren wurden jedoch weitere acht Mitglieder der patrizischen Familien – die sogenannten Alten Genannten – in den Rat aufgenommen.

Das Gesamtregiment mit Exekutive, Legislative und Jurisdiktion in der Reichsstadt und später im ausgedehnten Landgebiet kam ausschließlich dem patrizischen Kleineren Rat zu, der später auch Magistrat genannt wurde. Er setzte sich seit 1370 zusammen aus 34 patrizischen Ratsherren und den acht »Ratsfreunden vom Handwerk«. Die Mitglieder aus dem Patriziat stellten die 26 Bürgermeister und die acht Alten Genannten. Die 26 Bürgermeister teilten sich in seit 1392 so bezeichnete 13 Ältere und 13 Jüngere Bürgermeister. Je ein Älterer und Jüngerer Bürgermeister (»Frager«) hatten paarweise vier Wochen lang gemeinsam die Geschäftsführung inne, wobei der Ältere Bürgermeister die Ratssitzungen leitete und der Jüngere dem Gericht vorstand.

Die Sieben Älteren Herren

Einen Ausschuss innerhalb des Rats bildeten die Sieben Älteren Herren. Sie entstammten den Reihen der Älteren Bürgermeister und übten als »Innerer Geheimer Rat« oder »Collegium Septemvirale« die eigentliche Exekutive im Stadtstaat. Dieses Septemvirat war die eigentliche Regierung und erledigte alle Staatsgeschäfte. An seiner Spitze und damit an der Spitze der reichsstädtischen Administration stand ein Triumvirat der drei Vordersten Ratsherren, die seit 1721 den Titel eines Wirklichen Kaiserlichen Rates führten. Diesen, die auch militärisch als Oberste Hauptleute fungierten, unterstanden alle Ämter in der Stadt und im Landgebiet. Seit 1424 wachten die drei Vordersten Ratsherren gemeinsam über die Reichskleinodien. Die zwei Vordersten Ratsherren oder Losunger verwalteten die Finanzen der Stadt. Dem Älteren Ratsherrn oder Vordersten Losunger war zudem noch das Sekretsiegel der Reichsstadt anvertraut, er nahm ab 1571 das Amt des Reichsschultheißen wahr und war der Pfleger der Kaiserburg. Die übrigen vier Septemvirn, im Rang hinter den drei Obersten Hauptleuten stehend, hatten keine festumschriebenen Funktionen.

Die Sieben Älteren Herren des Jahres 1577. – Kolorierte Zeichnung in einem Geschlechterbuch der Familie Rieter (StadtAN D 14 Nr. B 24).

Der Größere Rat

Neben den patrizischen Rat trat im Laufe des 14./15. Jahrhunderts eine Gruppe ehrbarer Bürger, die als gerichtliche Zeugen berufen wurden. Diese 300 bis 500 »Genannten« bildeten den Größeren Rat, der nur sehr selten einberufen wurde. Während er in der 1. Hälfte des 14. Jahrhunderts noch relativ häufig als Mitwirkungsorgan bei Gesetzen und Verordnungen aufgeführt wird, beschränkte sich in den folgenden Jahrhunderten seine Tätigkeit vor allem auf die Gerichtsfunktion sowie das Zusammentreten bei der jährlichen Ratswahl. Die Zuwahl zum Größeren Rat erfolgte bei Bedarf durch den Kleineren Rat. Dieser berief den Größeren Rat ansonsten nur in Krisensituationen ein, um für seine Entscheidungen eine breitere Basis zu erhalten. Erst in den letzten Jahren der Reichsstadt konnte der Größere Rat mehr Gewicht erlangen und im Grundvertrag von 1794 eine revidierte Verfassung durchsetzen, die ihm wichtige Kompetenzen verlieh.

Die Behörden

Während die komplizierte Gliederung des Rats noch ein System kollegialer Ordnung erkennen lässt, zeigen die Behörden ein verwirrendes Nebeneinander von Ämtern und Funktionen. Denn die Nürnberger Verwaltung erwuchs, wie im Mittelalter üblich, unsystematisch aus den Erfordernissen der jeweils bestehenden Situation, was zur Folge hatte, dass im Laufe der Jahrhunderte für alle Bereiche des öffentlichen Lebens und für alle neuen Aufgaben und Funktionen, die dem Staate vor allem seit der Einführung der Reformation zuwuchsen, eigene Dienststellen oder neue Ratsdeputationen geschaffen wurden.

Keimzellen größerer reichsstädtischer Behörden waren für das Gerichtswesen der Reichsstadt die Ratskanzlei, für die Finanzverwaltung und alle geldeinnehmenden Ämter das Losungamt, für das Bauwesen, Wege und Stege sowie die Pegnitz das Bauamt. Das Losungamt galt als die wichtigste reichsstädtische Behörde. Daneben entwickelten sich im 16. Jahrhundert weitere Zentralbehörden: das Landpflegamt zur Verwaltung des Landgebiets (vor allem der 1504/05 erworbenen Neuen Landschaft), das Kriegsamt und das Zeugamt für die militärische Verwaltung, das Scholarchat mit der Aufsicht über das Kirchen-, Schul-, Bildungs- und zum Teil Armenwesen. Ihm unterstand später auch die Aufsicht über die reichsstädtische Universität Altdorf.

Insgesamt waren die politische Führung, die Gerichtsbarkeit, die Wehrhoheit, das Kirchen-, Schul- und Sozialwesen, die Polizei, das Finanzwesen und die Wirtschaftsführung in der Reichsstadt sowie die Verwaltung des Landgebiets schließlich auf 24 Zentralstellen und 95 Ratsdeputationen verteilt, wobei vielfach Überschneidungen der Ressorts nicht zu vermeiden waren. Sämtliche Führungspositionen in diesen Deputationen und Ratsämtern wurden von den 34 patrizischen Mitgliedern des Kleineren Rats besetzt, die in einer vielfachen Ämterhäufung bis zum Grundvertrag von 1794 alle Schaltstellen der Macht fest in Händen hatten und alle entscheidenden Fragen kollegial im Rat behandelten. Dadurch war zwar die gegenseitige Kontrolle gewährleistet, doch Eigeninitiative oder rasche Entscheidungen waren damit praktisch unmöglich. Die strenge Einhaltung der Hierarchie und die Laufbahn nach Dienstjahren brachten es zudem mit sich, dass die wichtigsten Ämter erst in hohem Alter erreicht wurden. Dazu kam die exklusive Beschränkung auf die patrizischen Familien, was im Laufe der Neuzeit zu einer unvermeidlichen Erstarrung führen musste, die neben vielen anderen Faktoren mit zum Niedergang der Reichsstadt beitrug.

Nürnberg unter Ludwig dem Bayern und Karl IV. von Luxemburg

Ludwig der Bayer fördert die Stadt

Nach der Erringung der Reichsfreiheit und deren Verteidigung in der 2. Hälfte des 13. Jahrhunderts zahlte sich im 14. Jahrhundert die enge Verbindung der Stadt zu Kaiser und Reich aus. Unter Ludwig IV. dem Bayern (1314–1347) und seinem Gegner und Nachfolger Karl IV. (1346–1378), die zusammengenommen in 64 Jahren 126-mal teilweise monatelang zu Besuch in Nürnberg weilten, führte diese Verbindung zu einer ersten Blüte. Ludwig der Bayer ließ der Stadt Nürnberg die größte Förderung zukommen. Er verlieh ihr und ihren Bürgern das Recht, über landschädliche Leute zu richten, gewährte ihnen Zollfreiheiten an 72 Zollstätten und beschränkte das lästige Asylrecht, welches dem Schottenkloster zu St. Egidien, der Deutschordenskommende bei St. Jakob und der Burgfreiung zustand. In dem 1332 errichteten mächtigen Rathaus (Großer Ratssaal) kam das gestiegene Selbstbewusstsein der Reichsstadt zum Ausdruck. Der zu seiner Zeit reichste Nürnberger Bürger Konrad Groß, Finanzier des Königs und Inhaber des Schultheißenamts, stiftete 1339 das Heilig-Geist-Spital, eines der größten städtischen Spitäler im Reich und bis heute eine das Bild Nürnbergs prägende Sehenswürdigkeit.

Das Nürnberger Heilig-Geist-Spital wurde als »Neues Spital« im Gegensatz zum älteren Elisabethspital der Deutschordenskommende gestiftet. Die Stiftungsmasse war ursprünglich für 200 Insassen berechnet, reichte aber bald nicht mehr aus, sodass seit dem 14. Jahrhundert der Gesamtfond durch weitere Stiftungen vergrößert werden musste. Nach Groß' Willen sollte das Heilig-Geist-Spital vornehmlich zwei Aufgaben erfüllen: einerseits als Krankenhaus, in das Sieche und Leidende aller Art aufgenommen wurden, ausgenommen solche mit ansteckenden Krankheiten (in Kriegszeiten zusätzlich

KONRAD GROSS – RATSHERR, FINANZIER VON KAISERN UND STIFTER

Konrad Groß, der Stifter des Nürnberger Heilig-Geist-Spitals, wurde um 1280 geboren und starb am 10. Mai 1356 in Bamberg. Er entstammte einer Ministerialenfamilie aus dem Nürnberger Umland, die seit 1274 in Nürnberg urkundlich nachgewiesen ist. 1307 trat Groß erstmals als Zeuge in Rechtsgeschäften auf, 1319 und ab 1332 ist er als Ratsmitglied belegt. 1320/29 trat er als Pfleger des Nürnberger Katharinenklosters in Erscheinung. 1333 gewährte Groß Ludwig dem Bayern ein großzügiges Darlehen, wofür dieser ihm ein Drittel der Judensteuer des Reichs, die von würzburgischen Landstädten erhoben wurde, übertrug. 1339 löste Groß das den Burggrafen von Nürnberg verpfändete Amt des Reichsschultheißen samt Zoll und Münzrecht in Nürnberg aus, das er bis zu seinem Tod verwaltete und sogar seinen Söhnen vererben konnte. Ebenfalls 1339 erwarb er zusammen mit einem Frankfurter Bürger die Pfandschaft an der Frankfurter Münze. So beruhte Groß' Reichtum – er galt als einer der reichsten Männer seiner

Grabmal des Konrad Groß im Kreuzigungshof des Heilig-Geist-Spitals. – Fotografie von 1963 (StadtAN A 39 Nr. Fi - S - 3804 - A).

Zeit – auf ererbtem Familienbesitz und einträglichen Pfandschaften, zu denen auch die bambergischen Ämter Herzogenaurach, Schellenberg und Büchenbach gehörten. Einen Großteil dieses Reichtums verwendete Groß für fromme und wohltätige Stiftungen. 1343 unterstützte er Gräfin Kunigunde von Orlamünde bei der Gründung des Zisterzienserinnenklosters Himmelthron, das 1348 nach Großgründlach bei Nürnberg verlegt wurde. 1344 beteiligte er sich an einer Spitalstiftung der Kitzinger Benediktinerinnen, 1345 schuf er zusammen mit Kaiser Ludwig die Einsiedelei Pillenreuth bei Nürnberg. Die größte Stiftung aber war das Nürnberger Heilig-Geist-Spital. Die großzügige Vergabe seines Vermögens führte zu Erbstreitigkeiten mit seinen Söhnen, die 1349 geschlichtet werden konnten. Nach seinem Tod 1356 wurde Konrad Groß in der Kirche des Heilig-Geist-Spitals bestattet. Sein Hochgrab, der Werkstatt des Meisters des Westportals der Lorenzkirche zugeschrieben, steht heute in einer nördlich an den Kreuzigungshof des Heilig-Geist-Spitals anstoßenden Halle.

als Lazarett), und andererseits als Altersheim zur kostenlosen Versorgung mittelloser und arbeitsunfähiger älterer Leute. Andere Bewohner konnten sich gegen ein geringes Wohn- und Kostgeld einkaufen. Neben diese traten die sogenannten reichen Pfründner, die sich durch die Zahlung einer höheren Einkaufssumme bessere Kost und besondere Vorrechte leisten konnten. Als im 15. Jahrhundert weitere Funktionen hinzukamen (Gebärhaus, Wöchnerinnenheim, lange Zeit einzige chirurgische Station in Nürnberg), erhielt das Heilig-Geist-Spital bis 1525 durch die Bebauung der westlichen Vorderen Insel Schütt und die dreifache Überbrückung des nördlichen Pegnitzarms sein heutiges Aussehen.

Zwischen 1424 und 1796 wurden in der Kirche des Heilig-Geist-Spitals die Reichskleinodien verwahrt. An der Spitze des im Zuge der Reformation gebildeten Spitalamts (1596 erweitert um das aufgehobene Katharinenkloster) stand ein patrizischer Pfleger; die eigentliche Spitalverwaltung oblag dem Spitalmeister. Als größtes Nürnberger Sozialinstitut verfügte das Heilig-Geist-Spital über zahlreiche Liegenschaften in

Die 1489–1527 errichtete Pegnitzüberbauung des Heilig-Geist-Spitals von Westen. – Fotografie von 2012.

der Stadt und in ihrer näheren und weiteren Umgebung. Im 18. Jahrhundert gehörten hierzu annähernd 700 Bauernhöfe in über 150 Ortschaften. Aufgrund dieses enormen Besitzes konnte die Reichsstadt Nürnberg ihren Einfluss weit über ihr eigenes Territorium hinaus ausdehnen, in Notzeiten stand zudem das Spitalvermögen dem Rat für Anleihen zur Verfügung. 1817/18 versuchte man, das Heilig-Geist-Spital in ein Krankenhaus umzuwandeln. Es blieb aber weiterhin Pfründneranstalt, seit 1887 in Betreuung von Neuendettelsauer Schwestern, und auch das heutige Altersheim dient immer noch dem Stiftungsgedanken von Konrad Groß.

Bis zur Mitte des 14. Jahrhunderts war die Stadt so sehr gewachsen, dass eine Erweiterung des Mauerrings in Angriff genommen werden musste. In mehr als 100-jähriger Bauzeit entstand zwischen 1350 und 1452 unter Einbezug alter städtischer Randsiedlungen die heute noch größtenteils erhaltene etwa fünf Kilometer lange Ringmauer. Obwohl heute 31 der ehemals 88 Türme verloren sind, dokumentieren die Mauern die Größe des mittelalterlichen Nürnberg. Das Areal zwischen der staufischen und der spätmittelalterlichen Stadtmauer wurde jedoch bis zum Ende der Reichsstadtzeit nie völlig überbaut.

Die Krise von 1348/49

Ludwigs IV. Regierungszeit war ab 1314 überschattet zunächst durch die Auseinandersetzung mit seinem Gegenkönig, dem Habsburger Friedrich dem Schönen, die Ludwig 1322 für sich entscheiden konnte, und spätestens seit 1324 mit dem Papst in Avignon über das von diesem beanspruchte Zustimmungsrecht zur römisch-deutschen Königswahl. In diesem Streit setzte Ludwig verstärkt auf die wirtschaftlich aufstrebenden Städte und suchte andererseits wechselweise England oder Frankreich als Verbündeten gegen die Päpste zu gewinnen, was wie seine expansive Hausmachtpolitik zu massivem Widerstand seitens der Reichsfürsten führte.

Im Sommer des Jahres 1346 wurde mit Unterstützung der Kurie und des französischen Königshofes der Luxemburger Karl IV. nach weitreichenden Zugeständnissen an den Papst zum Gegenkönig gewählt und nach der päpstlichen Zustimmung in Bonn gekrönt, da Aachen wie die meisten Städte fest zu Ludwig stand. Im Frühjahr 1347 begann der Kampf zwischen Ludwig und Karl. Der anstehenden Entscheidungsschlacht zwischen den beiden Königen, bei der im Lager Ludwigs nicht nur die Habsburger, sondern auch zahlreiche Freie und Reichsstädte und die Ritterschaft standen, kam allerdings der Tod Ludwigs am 11. Oktober 1347 zuvor. In der Folge brachte die Unfähigkeit der Wittelsbacher, sich auf einen gemeinsamen Kandidaten als Nachfolger zu einigen, und der Wechsel der Habsburger ins luxemburgische Lager Karl in Vorteil. Die Söhne Ludwigs stellten 1349 Günther von Schwarzburg als Gegenkönig auf, arrangierten sich aber nach dessen schnellem Tod noch im selben Jahr mit Karl IV. und teilten die Wittelsbacher Besitzungen unter sich auf.

In diesen Zusammenhang fällt der sogenannte Handwerkeraufstand in Nürnberg. Am 4. Juni 1348 begann in Nürnberg ein Aufruhr, in dessen Verlauf der alte Rat ersetzt und teilweise vertrieben sowie Markgraf Ludwig von Brandenburg (1324–1351), der älteste Sohn Kaiser Ludwigs IV., in die Stadt eingelassen wurde. Nürnberg hatte sich also der wittelsbachischen Partei gegen den Luxemburger Karl IV. zugewendet. Noch im Juni 1348 verbündete sich Nürnberg wie andere fränkische Reichsstände offiziell mit Markgraf Ludwig von Brandenburg. Karl IV. reagierte, indem er einige Lehen der Reichsministerialität einzog und der Stadt das Münzprägerecht widerrief. Ansonsten versuchte er, mit dem neuen Rat zu verhandeln.

Nachdem sich Karls Position gegen die wittelsbachische Partei aber gefestigt hatte, bezog er im Juni 1349 eindeutig die Position der entflohenen Ratsmitglieder. Am 13. Juli begnadigte er die Aufständischen, restituierte dabei aber den alten Rat und verbot alle Zusammenschlüsse und Zünfte (*und sol auch kein czunft noch kein verbuntnüzze noch keinerley sache da sein noch beliben, dann als di stat von alter her komen ist*). Die Herrschaft des Aufruhr-Rats dauerte noch bis zum 21. September 1349, tags darauf urkundete Karl IV. selbst in Nürnberg. Am 2. Oktober 1349 erklärte er alle Urkunden des Aufruhr-Rats für ungültig und gestattete dem restituierten Rat, die Aufrührer zu bestrafen (dabei erlaubte er auch die Zerstörung des Judenghettos auf dem späteren Hauptmarkt). Die vom Aufruhr-Rat zugelassenen Zünfte waren da schon abgeschafft. Bis 1350 wurden rund 150 Bürger aus Nürnberg verbannt.

Wenn auch die reichspolitischen Intentionen des Handwerkeraufstands als Verschwörung der Vertreter der wittelsbachisch-antiluxemburgischen Partei im Reich um den Wittelsbacher Markgrafen Ludwig von Brandenburg gegen den den Luxemburger Karl IV. unterstützenden alten Rat von der Forschung inzwischen in den Vordergrund gerückt werden, so haben doch handwerkspolitische Motive ebenfalls eine Rolle gespielt. Denn nur während der Regierungszeit des Aufruhr-Rats zwischen Juni 1348 und September 1349 haben in Nürnberg Zünfte bestanden. Dabei waren auch im Aufruhr-Rat die wirklichen Handwerker in der Minderheit, viele Mitglieder gehörten den ratsfähigen Geschlechtern an, die vor wie auch nach dem Aufruhr im Rat vertreten waren, und ebenso finden sich im Aufruhr-Rat wie später bei den Ratsfreunden vom Handwerk Handwerker, die eher den wohlhabenden Fernhändlern als dem eigentlichen Handwerk zuzurechnen sind.

Das von Karl IV. urkundlich ausgesprochene Zunftverbot sollte trotz eines vermutlich kurzen Wiederaufflackerns handwerklicher Unruhen vor 1360 und trotz der von der Französischen Revolution beeinflussten Gesellenunruhen der 1790er-Jahre bis zum Ende der reichsstädtischen Zeit gültig bleiben.

HINTERGRUND

ZERSTÖRUNG DES JUDENVIERTELS

Unmittelbar nach der Niederschlagung des Handwerkeraufstands ließ der wieder etablierte patrizische Rat 1349 mit Billigung Karls IV. das in der frühen Stauferzeit südlich der Burg am Nordufer der Pegnitz angesiedelte Judenviertel vernichten. Der aufgrund der Pest und des Vorwurfs der »Brunnenvergiftung« sich 1348/49 in ganz Deutschland ausbreitende Judenpogrom ergriff somit auch Nürnberg, obwohl es damals von der Pest verschont geblieben war. Der Pogrom führte im Dezember 1349 zur Ermordung von 562 Juden, zur Zerstörung des Judenviertels und zur Vertreibung der überlebenden jüdischen Bewohner. An die Stelle des Ghettos traten Haupt- und Obstmarkt, auf den Fundamenten der zerstörten Synagoge baute wahrscheinlich Peter Parler die Frauenkirche. Östlich des Obstmarkts entstand kurze Zeit später ein neues Judenviertel, bis 1499 mit Erlaubnis König Maximilians I. die Juden endgültig aus Nürnberg vertrieben wurden. Erst im Zuge ihrer gesetzlichen Tolerierung im 19. Jahrhundert siedelten sich wieder Bürger mosaischen Glaubens an der Pegnitz an.

Nürnberger Handwerk und Erfindungsgeist

Leistungskraft und Erfindungsreichtum (»Nürnberger Witz«) der Nürnberger Handwerker waren der Nährboden für die wirtschaftliche Blüte der Stadt während des Spätmittelalters und der Frühen Neuzeit. Die Handwerker fertigten die Exportprodukte, mit denen die Nürnberger Kaufleute Europas Märkte

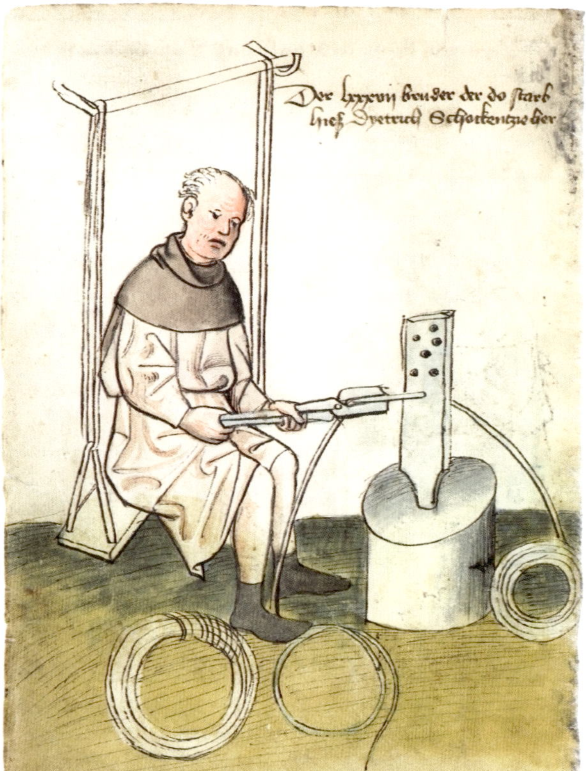

Darstellung eines Drahtziehers. – Miniatur aus den Brüderbüchern der Mendelschen und Landauerschen Zwölfbrüderstiftungen, 14. Jahrhundert (Stadtbibliothek Nürnberg, Amb. 317.2° Folio 40 verso).

belieferten, und die Kaufleute importierten den Handwerkern die benötigten Rohstoffe wie Erze, Stahl, Wolle/Stoffe oder Farben. Quantitativ und qualitativ ragten aus dem Nürnberger Handwerk die Metall verarbeitenden sowie die Textil produzierenden und veredelnden Gewerbe heraus.

Wichtige in Nürnberg für den Export hergestellte Güter waren im 14., 15. und 16. Jahrhundert Messer, Scheren, Löffel, Trichter, Becken, Leuchter, Schachteln, Brillen, Globen, Fingerhüte aus Edelmetall oder Email, Waffen (Harnische, Schwerter, Armbrüste, Gewehre, Bronzegeschütze), mechanische, astronomische oder nautische Präzisionsinstrumente für Navigation, Kartographie und Messkunst, im Schockenziehverfahren bzw. unter Ausnutzung der Wasserkraft hergestellter Draht und daraus gefertigte Produkte wie Nadeln, Haken, Ösen, Gürtelschnallen, Zirkel und Reißzeuge aus Stahl, Paternoster aus Bernstein oder Elfenbein, Horn- und Schildpattarbeiten, Kämme, Metallsaiten für den Orgelbau, Produkte der Schlosser- und Uhrmacherhandwerke sowie der Kompassmacher. Weitere bedeutende Exportartikel waren Lebkuchen oder Bleistifte. Im 16. Jahrhundert gewannen die Nürnberger Zinngießer und Goldschmiede eine europäische Spitzenposition, und bis ins 18. Jahrhundert war Nürnberg ein herausragendes Zentrum der Leonischen Drahtproduktion (Herstellung versilberter oder versilbert-vergoldeter Kupferdrähte) sowie des Musikinstrumentenbaus (Hörner, Trompeten, Posaunen, Klarinetten, Lauten, Violen und Geigen). In Nürnberg wurde 1390/91 die erste Papiermühle Deutschlands in Betrieb genommen, um 1800 bestanden in Nürnberg und seinem Territorium elf Papiermühlen. Schon bald nach der Erfindung des Buchdrucks zählte Nürnberg zu den führenden Druckerstädten im Reich. Seit 1380 war Nürnberg bis ins 19. Jahrhundert einer der bedeutendsten Orte der Spielkartenproduktion. Viele Qualitätsprodukte der Nürnberger Handwerker wurden im 19. Jahrhundert in industrielle Fertigung überführt, wie Zirkel und Reißzeuge, Bleistifte oder Lebkuchen; aus dem leistungsstarken Handwerk der reichsstädtischen Kunstdrechsler und Metalldreher entwickelte sich die Nürnberger Spielwarenindustrie.

Etliche Erfindungen und Entdeckungen sind zweifelsfrei oder wahrscheinlich mit der Reichsstadt Nürnberg und ihren Handwerken verbunden: vor 1360 wohl der Schockenzug (halbmechanisches Drahtziehen), vor 1405 die »Nürnberger Schere«, eine zu militärischen Zwecken verwendbare Steigleiter, 1408/15 der vollmechanische Drahtzug durch Wasserkraft, um 1510 die am Körper tragbare Uhr (Peter Henlein), vor 1517 wohl das Radschloss bei Handfeuerwaffen, um 1535/45 der gezogene eiserne Büchsenlauf, 1542 die Inklination (Abweichung) der Magnetnadel und der Kaliberstab, 1550 die »Brechschraube« zum Brechen von Festungsmauern, 1590 der Messtisch, um 1590 der Schrittzähler für Landvermessung, um 1612 das »Geigenklavizymbel«, vor 1649 ein handgetriebener »Kunstwagen«, 1664 ein mechanisches Puppenhaus mit über 100 Einzelbewegungen der Figuren, der Streuglanz (Bronzefarbe) aus Metallspänen und das Hinterladergewehr, vor 1686 das Glasätzen, 1690 Wasserski, Schwimmgürtel und Schwimmflossen, um 1700 die Klarinette, 1717 die Lichtempfindlichkeit der Silbersalze (Wegbereitung der Fotografie).

Seit der zweiten Hälfte des 14. Jahrhundert lag der Anteil der Nürnberger Handwerker bei ca. 50 % der Gesamtbevölkerung, um 1600 eher bei mehr, um 1800 darunter. Dennoch ist es den Handwerkern der fränkischen Metropole mit Ausnahme des kurzen Zeitraums des sogenannten Handwerkeraufstands 1348/49 nie gelungen, politisches Gewicht zu erringen. Sie blieben bis zum Ende der reichsstädtischen Zeit dauerhaft ohne jeden Einfluss auf die politische Entwicklung Nürnbergs wie auf seine Verwaltung und Gerichtsbarkeit. Zünfte waren bis in die Zeit der bayerischen Innungen des 19. Jahrhundert untersagt.

Karl IV. und die »vornehmste Stadt des Reiches«

Trotz der Krise der Jahre 1348/49 blieb auch Karl IV. der Stadt Nürnberg aufs Engste verbunden. Gerade die Überwindung des Nürnberger Handwerkeraufstands begründete das künftig äußerst enge Verhältnis Nürnbergs zu Karl IV. In dessen politischen Zielsetzungen spielte Nürnberg fortan eine maßgebliche Rolle. Es sollte durch gezielte Erwerbs-, Pfandschafts- und Tauschpolitik auf dem bayerischen Nordgau zum Zentrum der von Karl seit 1353 aufgebauten Landbrücke von Böhmen über die Oberpfalz bis ins Rheingebiet werden und einen quasi territorialstaatsfreien Raum für Begegnungen des Kaisers – die Kaiserkrönung erfolgte an Ostern (5. April) 1355 in Rom – mit den Reichsständen bilden.

Diese »Neu-Böhmen« genannte Landbrücke, der Begriff stammt aus dem späten 18. Jahrhundert, umfasst eine breit angelegte Kette von Burgen, Märkten und Städten, für die ein planmäßiger staatlicher Ausbau in Richtung Landeshoheit erkennbar ist. Die ehemals wittelsbachischen Besitzungen mit dem zum Zentralort erhobenen Sulzbach wurden als »Land in Bayern« bezeichnet, welches Karl IV. 1355 der Krone Böhmens inkorporierte. Obwohl der Luxemburger bereits 1373 den südlichen Teil der Erwerbungen im Tausch mit der Mark Brandenburg an die Wittelsbacher zurückgab, blieben viele der Privilegierungen und die wirtschaftliche Förderung des Eisenreviers der Oberpfalz weiter prägend. Von Dauer war die neu geschaffene Landstraße von Nürnberg nach Böhmen, welche über die u. a. von Karl IV. erworbenen Orte Lauf, Hersbruck (beide erhielten von Karl IV. das Stadtrecht), Sulzbach, Hirschau, Weiden und Bärnau führte, die sogenannte Goldene Straße. Der nördliche Teil Neu-Böhmens (darunter Erlangen, der Rothenberg und Velden) mit Auerbach als neuem Stützpunkt blieb bis 1400/01 in der Hand König Wenzels, bis auch er größtenteils wieder an die Pfalz zurückfiel.

Seine neuböhmischen Pläne machte Karl auf vielfältige Weise öffentlich, durch 52 zum Teil längere Aufenthalte und Abhaltung etlicher Hoftage in Nürnberg sowie die verfassungsmäßige Aufwertung der Stadt in der Goldenen Bulle. Karl IV. bezeichnete Nürnberg als *vornehmste und bestgelegene Stadt des Reiches*, hier ließ er seinen Sohn und Nachfolger Wenzel zur Welt kommen und taufen. Taktisch klug hielt er durch wechselseitige Verleihung von Rechten das labile Gleichgewicht zwischen der Stadt und den mit ihr konkurrierenden Burggrafen von Nürnberg aufrecht. Dank seiner Mithilfe konnte Nürnberg die Reichsstädte Windsheim und Weißenburg aus der Pfandschaft der Zollern lösen und die Jahrhunderte dauernde Schutzmachtstellung Nürnbergs über beide Städte begründen. Mit Zollfreiheiten und anderen Privilegien wurden die großen Nürnberger Handelsgesellschaften bei der Erschließung neuer

Märkte, besonders in Ungarn und Polen, gegen italienische Konkurrenz und hier vor allem gegen Venedig unterstützt und dadurch der Aufschwung der Nürnberger Wirtschaft weiter gefördert. Im Gegenzug gewährte die Stadt Karl IV. mehrfach großzügige Geldgeschenke.

DIE FRAUENKIRCHE

Auch das äußere Erscheinungsbild Nürnbergs prägte Karl durch die Erweiterung der beiden Hauptkirchen, die Anlage des Hauptmarkts und den Bau der Frauenkirche wesentlich mit. Letztere stiftete er am 8. Juli 1355 und unterstellte sie dem Augustiner-Chorherrenstift Unser Lieben Frauen in der Prager Neustadt. Die Frauenkirche wurde auf den Grundmauern der Synagoge des ehemaligen Judenviertels errichtet, ein Davidstern im Fußboden des Chors erinnert heute an diese. Wie in Köln, Regensburg, Rothenburg, Würzburg und auch in anderen Städten wurde eine der Maria geweihte Kirche an Stelle der Synagoge erbaut, um damit den Sieg des Christentums über das Judentum zu verherrlichen. Der Chor der Frauenkirche wurde wahrscheinlich von dem Prager Hofarchitekten Peter Parler erbaut und konnte bereits im Stiftungsjahr 1355 geweiht werden. 1358 folgte die Weihe des Zwölfboten- und des Barbaraaltars. Durch die Frauenkirche begründete Karl IV. in Nürnberg einen bis weit ins 15. Jahrhundert anhaltenden böhmischen Einfluss auf die Kunst, wie er sich z. B. in den Goldminiaturen der im Stadtarchiv Nürnberg verwahrten Leitbücher des Heilig-Geist-Spitals zeigt. Nürnberg wurde nun auch zu einem kulturellen Mittelpunkt des Reichs.

Das »erste Grundgesetz des Reiches« – die Goldene Bulle

Ein weiteres Datum verbindet Nürnberg mit Karl IV.: Am 10. Januar 1356 erließ der Luxemburger in Nürnberg während eines Reichstages die ersten 23 Kapitel der sogenannten Goldenen Bulle. Auf einem weiteren Reichstag in Metz wurde sie um acht weitere Kapitel ergänzt und am 25. Dezember 1356 feierlich verkündet. In die Metzer Kapitel wurden auch speziell Nürnberg betreffende Bestimmungen aufgenommen. So ist dieses bedeutendste Reichsgesetz des Heiligen Römischen Reiches nicht nur zum größten Teil in Nürnberg verkündet worden, sondern es wirkte sich besonders auf diese Stadt aus. Es regelt hauptsächlich das Recht der deutschen Königswahl durch die sieben Kurfürsten, die Erzbischöfe von Mainz, Köln und Trier, den König von Böhmen, den Pfalzgrafen bei Rhein, den Herzog von Sachsen und den Markgrafen von Brandenburg. Als gewählt galt der Kandidat, der mindestens vier der sieben Stimmen auf sich vereinigen konnte. Um einer getroffenen Wahl auch politische Durchsetzungskraft zu verschaffen, wurden die Kurfürsten als die obersten Reichsfürsten mit wichtigen Privilegien ausgestattet: Primogenitur, Bergbau, Judenschutz, Münzprägung, unbeschränkter Landerwerb. Ferner regelte das Gesetzeswerk das Zeremoniell feierlicher Hoftage mit Bestimmungen zur Sitzordnung, zu Prozessionen sowie zur Ausübung der kurfürstlichen Erzämter.

Außerdem wurde festgelegt, dass jeder neu gewählte König seinen ersten Reichstag in Nürnberg abzuhalten habe. Somit wurde Nürnberg neben dem Wahlort Frankfurt/Main und dem Krönungsort Aachen als dritte reichsrechtlich dem Königtum unwiderruflich verbundene Stadt gesetzlich festgeschrieben. Noch heute ist die Goldene Bulle im Nürnberger Stadtbild in den Figuren des Schönen Brunnens oder im Wappenfries und dem Männleinlaufen an der Frauenkirche präsent.

HINTERGRUND ////

SCHÖNER BRUNNEN UND MÄNNLEINLAUFEN – ZWEI ZEUGEN DER GOLDENEN BULLE

Die Goldene Bulle wies Nürnberg eine besondere Rolle im Rahmen der Reichsverfassung zu – Grund genug für den Rat, dies auch im Stadtbild gebührend hervorzuheben. Neben zwei Wappenfriesen mit den Wappen der sieben Kurfürsten am Nassauer Haus und an der Balustrade der Frauenkirche sind es zwei Kunstwerke, die noch heute als Sehenswürdigkeiten Nürnbergs Tausende Touristen anziehen: Das Männleinlaufen am Giebel der Frauenkirche und, in Sichtweite hiervon, der Schöne Brunnen auf dem Hauptmarkt.

Der Schöne Brunnen wurde der Überlieferung nach bereits 1362 begonnen, wahrscheinlich aber erst in den 1370er Jahren – also noch zu Lebzeiten Karls IV. – geplant und 1385–1396 gebaut. Er stellt eine kurzgefasste Welt- und Heilsgeschichte dar. Der achteckige Brunnen mit seinen Quellen steht für das Paradies mit dem ihm entspringenden Lebenswasser. Die acht sitzenden Gestalten am äußeren Brunnenrand repräsentieren mit der Philosophie und den sieben freien Künsten die antike Bildungstradition, Moses und sieben weitere Propheten auf der Brunnenpyramide das jüdische Alte Testament, die vier Evangelisten und die vier lateinischen Kirchenväter am inneren Brunnenrand das Christentum. Analog hierzu symbolisieren am Sockel der Brunnenpyramide die neun Helden – drei Heiden (Hektor, Alexander der Große und Cäsar), drei Juden (Josua, König David und Judas Makkabäus) und drei Christen (König Artus, Karl der Große und der Anführer des ersten Kreuzzugs und Eroberer Jerusalems Gottfried von Bouillon) – den Verlauf der Weltgeschichte, die sieben Kurfürsten (die Erzbischöfe von Mainz, Köln und Trier, der König von Böhmen, Herzog von Sachsen, Pfalzgraf bei Rhein und Markgraf von Brandenburg) die gegenwärtige Ordnung des Reichs und damit die Goldene Bulle, auf der sie beruhte. Dass dem König von Böhmen Porträtähnlichkeit mit Karl IV. nachgesagt wird, dürfte wohl kein Zufall sein.

Das Männleinlaufen wurde 1506–1509 hergestellt und ersetzt ein Vorgängerwerk, das angeblich schon zur Taufe von Karls IV. Sohn Wenzel in Nürnberg 1361 in Betrieb gesetzt worden war. Hier konzentriert sich die Darstellung auf Karl IV. auf seinem Thron. Jeden Mittag nach dem zwölften Glockenschlag treten die sieben Kurfürsten aus dem Hintergrund hervor, umschreiten den Kaiser, wenden sich grüßend ihm zu, der durch Senken seines Zepters zurückgrüßt, und verschwinden wieder im Hintergrund. Umgeben wird diese Szene von mehreren Nebenfiguren, die allerdings im Laufe der Zeit immer wieder verändert wurden; jene Figur, die ein Buch emporhält und damit direkt an die Goldene Bulle zu erinnern scheint, stammt erst aus sehr viel späterer Zeit. Auch hier wird das Geschehen durch die darüber befindliche Uhr und den Mond mit seinen wechselnden Phasen in einen größeren, kosmischen Zusammenhang gestellt.

Das Männleinlaufen am Giebel der Frauenkirche, geschaffen 1509 durch den Kunstschlosser Jörg Heuss, erinnert mit Karl IV. und den sieben Kurfürsten an die Verkündung der Goldenen Bulle. – Fotografie von 2014.

Ausbau der Unabhängigkeit

Unter Karls IV. Sohn und Nachfolger Wenzel konnte Nürnberg seine reichsweite Bedeutung ausbauen. So trat die Reichsstadt nach anfänglichem Zögern 1384 dem Schwäbischen Städtebund bei, einer Vereinigung, die 1376 einmal mehr zum gemeinsamen Vorgehen gegen Rechts- und Friedensbruch sowie zur aktiven Sicherung des eigenen Handels und der Fernhandelsstraßen auf Initiative und unter der politischen Führung Ulms ins Leben gerufen wurde. Ihm gehörten zunächst 14 schwäbische Reichsstädte an. 1381 wurde er mit dem Rheinischen Städtebund zum Schwäbisch-Rheinischen Städtebund

NÜRNBERG – VERWAHRORT DES »REICHSSCHATZES«

Das Ensemble von Herrschaftszeichen uneinheitlicher Herkunft und Entstehungszeit und, was das Heiltum im engeren Sinn betrifft, auch uneinheitlichen Umfangs wird heute in der Weltlichen Schatzkammer in Wien aufbewahrt. Die nur zur Krönung benutzten Kleinodien – das Reichsevangeliar, die Stephansburse und der sogenannte Säbel Karls d. Gr. – verblieben am Krönungsort Aachen, während die anderen Teile im Besitz des jeweiligen Herrschers waren, bis König Sigismund sie, um sie vor den Hussiten in Sicherheit zu bringen, mit Urkunde vom 29. September 1423 dem Rat der Reichsstadt Nürnberg zur dauernden Verwahrung übergab. Der König bezeichnete das Ensemble, das zu einem beträchtlichen Teil aus Reliquien bestand, als »Heiligtum« und bekannte sich damit zu dem Bedeutungswandel, den Karl IV. mit der Hervorhebung gerade dieses Charakters der Reichskleinodien eingeleitet hatte. Papst Martin V. billigte am 31. Dezember 1424 die Überführung des Reichsheiltums nach Nürnberg und seine dauernde Verwahrung in der Kirche des Heilig-Geist-Spitals.

Vornehmstes Objekt war die Reichskrone. Zum Nürnberger Ensemble gehörten auch der Reichsapfel, das Szepter, das Reichs- oder Mauritiusschwert, das Zeremonienschwert, der Krönungsmantel und einige andere Krönungsgewänder. Eine zweite Gruppe von Objekten hat Reliquiencharakter. Zu ihr gehören die Heilige Lanze als ältestes Objekt der Reichskleinodien, das Reichskreuz mit Kreuzpartikeln im Schaft, Reliquiare mit einem Span von der Krippe des Herrn, mit einem Gewandstück des Evangelisten Johannes, mit Kettengliedern Johannes des Täufers und der Apostel Petrus und Paulus, mit einem Zahn Johannes des Täufers, mit einem Stück vom Tischtuch des Letzten Abendmahls und einem Stück vom Schürztuch Jesu von der Fußwaschung.

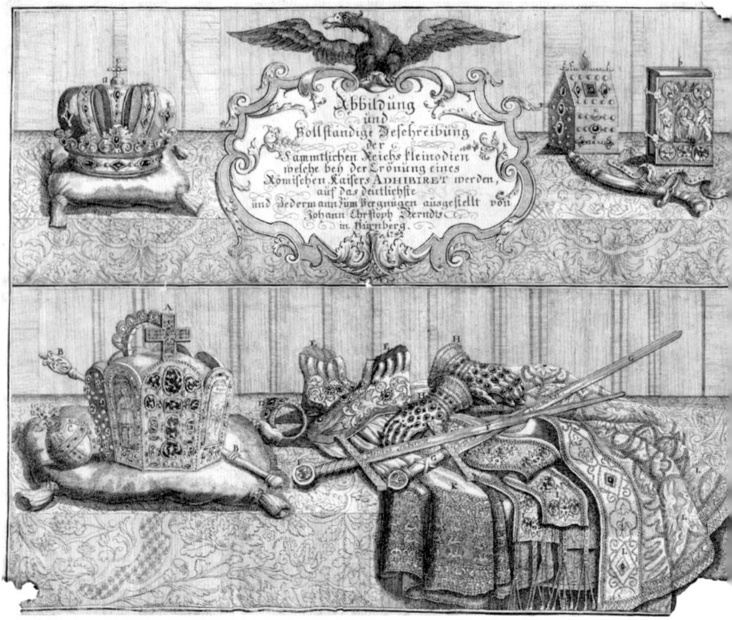

Als Aufbewahrungsort der Reichskleinodien nahm Nürnberg eine herausgehobene Stellung in der Verfassung des Reiches ein. – Die Reichskleinodien, Kupferstich von Johann Christoph Berndts, 1742 (StadtAN E 13/II Nr. G 594).

zusammengeschlossen. Mit 40 Mitgliedern und der Anerkennung durch König Wenzel hatte der Bund den Höhepunkt seiner politischen Macht erreicht, die jedoch jäh durch die Niederlage der Städte im Städtekrieg 1387/88, aus dem sich Nürnberg herauszuhalten suchte, und das förmliche Verbot des Schwäbischen Städtebunds im Landfrieden von Eger 1389 beendet wurde.

Wenzel gelang es nicht, die hochgesteckten Pläne seines Vaters Karl IV. in Franken fortzuführen. Er engagierte sich zwar wie Nürnberg für die Beilegung des Städtekriegs und die Wahrung des Landfriedens. 1388 bestätigte er der Stadt die Freiheit vom Kaiserlichen Landgericht des Burggraftums Nürnberg. Als er aber 1400 wegen seines Versagens bei der Lösung wichtiger Reichsaufgaben abgesetzt wurde und die Kurfürsten den

Wittelsbacher Ruprecht von der Pfalz zu seinem Nachfolger wählten, hielt sich Nürnberg umsichtig zurück. Für die Anerkennung Ruprechts verlangte es wichtige Zugeständnisse. Ansonsten war es im noch lange schwelenden Konflikt zwischen Ruprecht und Wenzel wegen der eigenen Nähe zu Böhmen und zur Oberpfalz um Neutralität bemüht.

Die Verbindung Nürnbergs zum Reichsoberhaupt wurde verstärkt, als König Sigismund 1423/24 dem Rat die Reichskleinodien für ewige Zeiten zur Aufbewahrung anvertraute.

Der Rat musste sein Verwahrrecht mehrfach verteidigen. Gegen Kaiser Friedrich III. bemühte er 1442 die Juristen der Universität Padua, welche den Nürnberger Rechtsstandpunkt bestätigten. Nur anlässlich der Krönung stellte die Reichsstadt dem zum König Gewählten die Reichskleinodien zur Verfügung; sie wurden von Mitgliedern des Rats nach Aachen bzw. seit 1562 nach Frankfurt und nach der Krönung wieder zurück nach Nürnberg geleitet. 1796 beim Herannahen der Franzosen wurden die Reichskleinodien über Regensburg nach Wien geflüchtet; die Aachener Stücke gelangten 1801 nach Wien. Nach dem Anschluss Österreichs an das Deutsche Reich 1938 nach Nürnberg zurückgeführt, waren die Reichsheiltümer bis zum Beginn des Zweiten Weltkriegs, als sie vor Luftangriffen im Kunstbunker in der Oberen Schmiedgasse gesichert wurden, in der Katharinenkirche (Meistersingerkirche) für die Öffentlichkeit zugänglich. Auf Antrag der österreichischen Bundesregierung wurden sie auf Beschluss des Alliierten Kontrollrats am 4. Januar 1946 von Fürth aus nach Wien zurückgeflogen. Es handelte sich um eine Restitution, welche späteren Vereinbarungen zwischen Deutschland und Österreich nicht vorgreifen sollte. Seit 1954 sind die Reichskleinodien in der Wiener Hofburg wieder öffentlich ausgestellt.

Die Stadt befreit sich von den Burggrafen

Macht und Ansehen der fränkischen Metropole waren nun derart gefestigt, dass Rat und Bürgerschaft eine Bereinigung der wachsenden Spannungen zu den Hohenzollern anstreben konnten. Die 1363 in den Reichsfürstenrang erhobenen Burggrafen verloren 1385 endgültig ihren Einfluss auf das Schultheißenamt sowie auf Zoll und Münze. Ein Jahr später löste die Stadt die auf ihren Bürgern lastenden burggräflichen Zinse ab. 1396 konnte sie endgültig das Oberforstmeisteramt im Lorenzer und 1427 im Sebalder Reichswald erringen. Im beginnenden 15. Jahrhundert wurde vor den Toren der burggräflichen Residenz Ansbach die Herrschaft Lichtenau erworben, und 1427 konnte der Rat den inzwischen zu Markgrafen und Kurfürsten von Brandenburg avancierten Hohenzollern endlich die Ruinen der sieben Jahre zuvor von den Wittelsbachern zerstörten Burggrafenburg samt den dazu gehörenden Rechten, Pfandschaften und den zollerischen Besitzungen vor den Toren der Stadt für 120.000 Goldgulden abkaufen.

Die Burggrafen waren damit aus den Stadtmauern und teilweise auch aus der näheren Umgebung der Reichsstadt verdrängt. Da es aber dem Rat 1427 nicht gelungen war, sämtliche Hoheitsrechte wie die Blutgerichtsbarkeit, die hohe Jagd und das Geleit außerhalb der Stadt von den Zollern zu erwerben, blieben fortan bis zum Ende der Nürnberger Reichsfreiheit noch genügend Anlässe zu schwersten Streitigkeiten gerichtlicher, aber auch kriegerischer Art zwischen beiden Nachbarn, so schon 1449/50 im Ersten Markgrafenkrieg.

Der Handel der Reichsstadt Nürnberg

Ihre wirtschaftliche Bedeutung und ihren Reichtum verdankte die Reichsstadt Nürnberg dem Groß- und Fernhandel, der vielseitigen Produktion ihres Handwerks (vor allem im Metall und Textil verarbeitenden Bereich) sowie ihrer günstigen geografischen Lage. Die Ausdehnung des Handels ist aus den besonders im 13. und 14. Jahrhundert erteilten Zollprivilegien in 72 Städten und Ländern ersichtlich. Nürnbergs bevorzugte Handelsräume im 14. und 15. Jahrhundert lagen am Ober- und Niederrhein, in Flandern, Südfrankreich, Norditalien, Österreich, Böhmen, Ungarn und Polen. Im 15. Jahrhundert verstärkte sich der Handel nach Italien (vor allem Venedig) und

Die auch als »Norimberga und Brabantia« bezeichnete Plastik im großen Rathaussaal zeigt die jährliche Erneuerung der Handelsprivilegien durch den Herzog von Brabant vor einem Abgesandten der Reichsstadt Nürnberg. – Bemalte Sandsteinplastik um 1340. Fotografie von 1939 (StadtAN A 49 Nr. He 7253).

Nordosten, und seit dem frühen 16. Jahrhundert wurden Spanien und Portugal sowie ihre entstehenden überseeischen Kolonialgebiete mit einbezogen.

Bis ins frühe 16. Jahrhundert betrieben vornehmlich patrizische Familiengesellschaften den Nürnberger Handel als Messehandel. Bevorzugt wurden dabei die Messen in Linz, Nördlingen, Frankfurt/Main, Naumburg und Leipzig, aber auch in Genf, Lyon und Antwerpen. Nürnberg selbst war es bei allen Anstrengungen (Neujahrs-/Dreikönigsmesse, Oster-/Heiltumsmesse, Herbst-/Egidienmesse) nie gelungen, selbst Messeplatz von überregionalem Rang zu werden.

Die Nürnberger Kaufleute importierten Waren zur Versorgung der einheimischen Bevölkerung mit Nahrungs- und Bekleidungsmitteln sowie mit Luxuswaren und zur Belieferung der Nürnberger Handwerker mit Rohstoffen (Metallen, Wolle, Farben). Sie exportierten aber auch die in der Stadt hergestellten Produkte (Metallwaren, Textilien, Waffen). Nicht zu überschätzen ist zudem die internationale Verteilerrolle, die die Kaufleute als Zwischenhändler ausübten. Zum Handel kamen Finanzgeschäfte und ein vielseitiges Engagement in Montanunternehmen hinzu.

In vielen Bereichen errangen die Nürnberger bis um 1500 eine Monopolstellung, so im Safranhandel, im Galmeihandel aus dem Raum Aachen-Lüttich zur Produktion von Messingwaren, im Kupferabbau und Saigerhandel, im Stahl- und Eisenhandel, im Buchshandel aus der Provence zur Herstellung von Messergriffen, im Textilhandel nach Mittel- und Ostdeutschland und für den Handel nach Süddeutschland und Italien mit preußischem Bernstein (zur Paternosterfabrikation) und für osteuropäische Pelze.

Seit dem 15. Jahrhundert traten neben die patrizischen Familiengesellschaften bürgerliche Kaufleute, von denen manche bezüglich Umsatz und Vermögen jene weit übertrafen. Dagegen schied das Patriziat seit der Mitte des 16. Jahrhunderts schrittweise aus der Handels- und Finanzwelt weitgehend aus, was einerseits als Ergebnis der Feudalisierung des Nürnberger Stadtadels, andererseits aber auch als Ausdruck unternehmerischer Ermüdungserscheinungen zu werten ist. Hiermit war jedoch kein wirtschaftlicher Niedergang im Handel der Reichsstadt zu verzeichnen. An die Stelle der patrizischen Kaufleute rückten nun endgültig bürgerliche.

Nürnbergs goldenes Zeitalter

Kaiser, Reich und Nachbarn

Mit dem Vertrag von 1427 waren die Streitigkeiten mit den Burg- und jetzigen Markgrafen nicht beigelegt: Nun ging es um seine Auslegung. 1449 kamen die Spannungen im Ersten Markgrafenkrieg zum Ausbruch, der wegen seiner grundsätzlichen reichspolitischen Bedeutung und der Vielzahl der auf beiden Seiten beteiligten Städte und Fürsten auch als der Zweite Städtekrieg in die Geschichtsbücher eingegangen ist.

Da weder Markgraf Albrecht Achilles (1414–1486) das wohlbefestigte Nürnberg angreifen noch Nürnberg das markgräfliche Gebiet erobern konnte, gab es nur selten größere Gefechte. Dagegen verlief der Kampf als ein zermürbender Kleinkrieg, in dem beide Seiten das Gebiet ihres Feindes schonungslos plünderten und zerstörten und vor allem die schutzlosen Bauern zu leiden hatten. Endlich trat ein, was König Friedrich III. schon zu Kriegsbeginn vorausgesagt hatte: *Lasst sie nur kämpfen und sich Schaden tun; den Frieden, den sie verschmähen jetzt, da ihre Felder in Blüte stehen, sie werden ihn suchen, wenn ihre Äcker verwüstet sind.* 1450 schloss man Waffenstillstand und 1453 Frieden. Mit all seinen schweren Verlusten hatte der Krieg kein einziges Problem gelöst.

Einen neuen Höhepunkt erreichten die Auseinandersetzung zwischen Nürnberg und den Markgrafen 1502, als ein Streit um den Kirchweihschutz für die kleine Kapelle Affalterbach im Lorenzer Reichswald mitten im »Frieden« zu einer der blutigsten Schlachten und der schwersten Niederlage der Nürnberger Geschichte führte. Auch diese Schlacht blieb politisch folgenlos.

Die Spannungen mit Nürnbergs zweitem großen Nachbarn, der Kurpfalz, entluden sich 1504. Erbstreitigkeiten im Hause Wittelsbach hatten den Landshuter Erbfolgekrieg zur Folge. Abgesichert durch einen Befehl Kaiser Maximilians I.

nutzte Nürnberg die Gelegenheit, um auf Seiten Bayern-Münchens die angrenzenden Ämter der Kurpfalz zu erobern; 1505 bestätigte der Kaiser den Erwerb. Fortan bildete dieses Gebiet eine wertvolle Ergänzung der städtischen Wirtschaft und diente der politischen und militärischen Sicherheit Nürnbergs, war aber auch eine Quelle unablässiger Konflikte mit den Nachbarn.

HINTERGRUND

DAS NÜRNBERGER LANDGEBIET

Seit 1505 besaß die Reichsstadt Nürnberg ein Landgebiet, das mit ca. 1200 km², 6 Städten, 7 Märkten, 70 Dörfern und ca. 35 000 Einwohnern (Stand Ende 18. Jh.) größer war als das Landgebiet jeder anderen deutschen Reichsstadt und das sie beherrschte wie ein kleiner Fürst sein Territorium. Es bestand aus zwei unterschiedlichen Gebieten: der Alten und der Neuen Landschaft.

Die Alte Landschaft umfasste das Umland Nürnbergs mit den Reichswäldern. Sie war im Laufe des Mittelalters unsystematisch aus den unterschiedlichsten Erwerbungen Nürnberger Bürger, Stiftungen, Ämter und des Rates hervorgegangen, deren Rechte sich mit denen der Burg- und Markgrafen unentwirrbar überlagerten und oft genug gegenseitig bestritten wurden. Trotz mehrerer Prozesse am Reichskammergericht gelang es bis zum Ende des Alten Reiches nicht, die Rechtsverhältnisse zu klären.

Die doppelt so große Neue Landschaft bildete ein einheitliches Herrschaftsgebiet, das Nürnberg im Landshuter Erbfolgekrieg 1504/05 erobert hatte und von Kaiser Maximilian I. zugesprochen bekam. Es unterstand dem Landpflegamt und war in die Pflegämter Altdorf, Lauf, Hersbruck, Reicheneck, Hohenstein, Velden, Wildenfels, Betzenstein, Gräfenberg und Hiltpoltstein gegliedert.

Räumlich getrennt von diesem Landgebiet besaß Nürnberg seit 1406 das Pflegamt Lichtenau vor den Toren Ansbachs sowie umfangreichen Streubesitz in mehreren benachbarten Territorien.

Besser als zu seinen Nachbarn gestaltete sich Nürnbergs Verhältnis zum Kaiser. Nach wie vor war die Reichsstadt auf seinen Schutz angewiesen, der Kaiser auf ihre finanzielle und organisatorische Leistungsfähigkeit. Immer wieder übernahm Nürnberg fallweise die Ausführung von Aufgaben des Reichs,

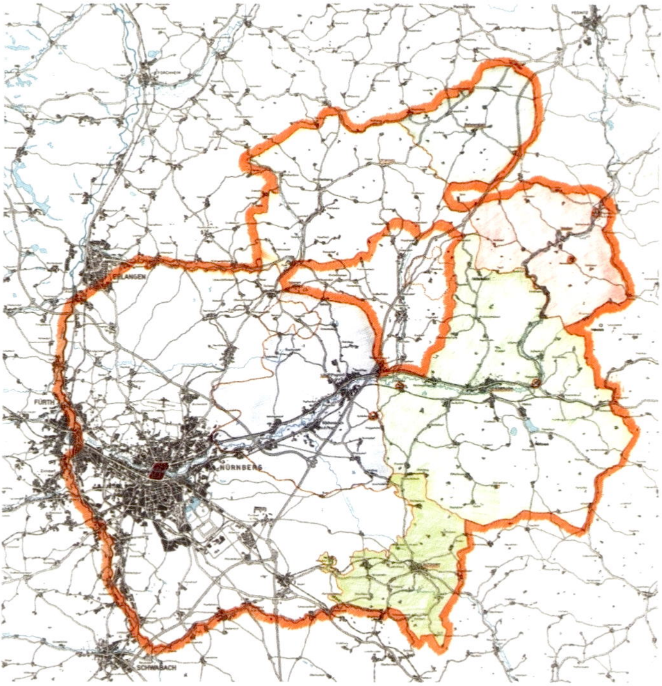

Das Nürnberger Landgebiet seit 1504 (ohne die Exklave Lichtenau vor den Toren Ansbachs), eingezeichnet in eine moderne Karte. – Entwurf von Fritz Gies, um 1960 (StadtAN A 4/V Nr. 435).

für die dieses keine eigenen Einrichtungen besaß, wie etwa die Einsammlung, Verwaltung und Auszahlung der vom Reichstag beschlossenen Steuern. Immer wieder unterstützte Nürnberg den Kaiser durch Darlehen und Geschenke. Durch die Aufbewahrung der Reichskleinodien, deren alljährliche Weisung sich zu einer Wallfahrt von reichsweiter Bedeutung entwickelte, durch ihre Überführung zur Krönungszeremonie und durch den ersten Reichstag, den jeder König nach seiner Wahl in Nürnberg halten musste, erhielt die Reichsstadt eine feste Stellung in der Verfassung des Reiches. Auch für weitere Reichstage nahmen die Kaiser Nürnbergs organisatorische Kapazitäten gerne in Anspruch.

Neue Bedeutung gewann Nürnberg für den Kaiser im Gefolge der Reichsreform unter Maximilian I. Für den 1517 eingerichteten Fränkischen Reichskreis wurde Nürnberg Sitz wichtiger Einrichtungen und bevorzugter Tagungsort des Kreiskonvents; die Verwaltung wichtiger Kreisaufgaben wurde von Nürnberger Beamten mit übernommen. Zweimal, 1500–1502 und 1521–1524, wurde Nürnberg Sitz des Reichsregiments, der Reichsregierung in Abwesenheit des Kaisers, und des Reichskammergerichts, des neben dem königlichen Reichshofrat höchsten Reichsgerichts. Damit übte Nürnberg zeitweilig Hauptstadtfunktionen für das gesamte Reich aus.

Reiten und Rauben ist keine Schand' …

Nur wenige große Kriege musste Nürnberg führen, aber einen endlosen Kleinkrieg gegen zahllose Befehder und Placker, die die Straßen unsicher machten und den Nürnberger Handel schwer schädigten. Die Grenzen zwischen rechtmäßiger Fehde und gemeinem Straßenraub verschwammen. Das Netzwerk der Freundschafts- und Verwandtschaftsbeziehungen der fränkischen Adelsfamilien untereinander, ihre Stellung als Berater und Amtleute der benachbarten Fürsten und die zwiespältige Haltung des Kaisers, der es sich weder mit den Städten noch mit den Rittern verderben wollte, boten den oft adeligen Straßenräubern den nötigen Rückhalt, der den Städten trotz des Fehdeverbots des Wormser Reichslandfriedens 1495 Gegenmaßnahmen sehr erschwerte. Insbesondere die Markgrafen sahen in solchen Fehden eine willkommene Möglichkeit, durch klammheimliche oder offene Unterstützung ihrer Befehder die verhasste Reichsstadt unter Druck zu setzen. Um nicht den Überblick zu verlieren, legte der Nürnberger Rat umfangreiche Verzeichnisse der Befehder an. (Eine Auswahl der wichtigsten Fehden und Placker steht gegenüber auf S. 55.)

Erst der Feldzug des Schwäbischen Bundes 1523, der viele Freunde der Placker im fränkischen Adel langfristig abschreckte, und die Festigung der Landesherrschaft im Laufe des 16. Jahrhunderts ließen das Fehdewesen langsam enden.

BEFEHDER UND PLACKER (AUSWAHL)

1443–1445 Die Herren von Waldenfels: Als Antwort auf die Plünderung Nürnberger Kaufmannszüge erobert Nürnberg Schloss Wartenfels und die Stadt Lichtenberg, scheitert aber vor der Lichtenburg.

1465–1474 Hans Schüttensamen: Der Bayreuther Bürger erklärt der Reichsstadt unter dem Vorwand nicht zurückgezahlter Schulden Nürnberger Bürger die Fehde und wird von zahlreichen Rittern, aber auch von Markgraf Albrecht und dem Bischof von Würzburg unterstützt. Aufgrund der ausgelobten Belohnung wird er von einem seiner Knechte an die Nürnberger verraten und lebendig verbrannt.

1498–1501 Kunz Schott (Burggraf des Rothenbergs) und Christoph von Giech. Da die Placker trotz ihrer Ächtung durch den Kaiser von der fränkischen Ritterschaft und den Markgrafen gedeckt werden, muss Nürnberg in einen Vergleich einwilligen.

1501–1502 Kunz Keltsch: Fuhrmann, dessen Streitsache mit Nürnberg zahlreichen Rittern als Vorwand zur Fehde in seinem Namen dient und von den Markgrafen unterstützt wird. Nürnberg schiebt seinerseits einen Kunz Behringer als Strohmann zur Fehdeführung gegen die Markgrafen vor. Die Fehde endet durch Vergleich.

1503–1512 Heinz Baum: Aus der Schuldhaft geflohener Nürnberger Bankrotteur, der sich aus Lösegeldern für verschleppte Nürnberger Bürger finanziert. Vergleich.

1512–1514 Götz von Berlichingen: Der professionelle Raubunternehmer überfällt mit 130 Mann einen Wagenzug von 55 meist Nürnberger Kaufleuten. Maßnahmen des Schwäbischen Bundes werden von Kaiser Maximilian I. verhindert. Durch Überfälle auf Kaufleute in markgräflichem Geleit verliert Götz die Unterstützung der Markgrafen und muss einen Vergleich eingehen. Den Schadensersatz von ca. 85 % des Beutewerts müssen auf Druck des Kaisers mehrere Fürsten aufbringen, die die Placker unterstützt haben (vor allem der Bischof von Würzburg).

1520–1531 Hans Thomas von Absberg: Wie sein Schwager Kunz Schott berüchtigt für sein Abhacken der rechten Hand gefangener Bürger. Um sein Sympathisantennetzwerk im fränkischen Adel auszutrocknen, zerstört 1523 ein 10.000-Mann-Heer des Schwäbischen Bundes 23 Burgen seiner Helfer. Absberg wird von seinem (wohl von Nürnberg gedungenen) Hehler ermordet.

13
19
14
20
Waldstein
21
22
Sparneck
23
Contrafeyung Der XXIII Schloss So der Schwäbische Bundt hat Eingenomen Und Verbrandt Im Jahr
M D XXIII

Pfeffersäcke und »Nürnberger Witz«

Voraussetzung der Selbstbehauptung Nürnbergs wie auch des Wachstums der Stadt war seine wachsende Wirtschaftskraft, die nach wie vor auf zwei Säulen ruhte: dem weitgespannten Handel patrizischer, zunehmend aber auch bürgerlicher Familiengesellschaften und dem differenzierten, hochspezialisierten Handwerk. Beide Bereiche wurden vom Rat entsprechend den Exportinteressen der Patrizierfamilien eng miteinander koordiniert. Meisterzahl und Betriebsgröße der einzelnen Handwerke wurden gemäß der Markterfordernisse geregelt, technische Neuerungen und Erfindungen gefördert (»Nürnberger Witz«, d. h. technische Findigkeit, wurde zum Sprichwort), manchmal ganze Gewerbe andernorts abgeworben und in Nürnberg angesiedelt, so 1486/89 schwäbische Barchentweber in den Sieben Zeilen.

Gegen die Bestrebungen der Handwerker, durch Handwerksordnungen Produktionsmonopole und Zugangsbeschränkungen einzuführen, hielt der Rat in vielen Fällen an der innovationsfreundlichen Organisationsform der »freien Kunst« fest, die durch keinerlei Vorschriften eingeengt wurde. Dagegen wurden Handwerke, in denen Nürnberg eine technische Führungsrolle besaß, zu »gesperrten Handwerken« erklärt und die Gesellenwanderung wie auch die Auswanderung von Meistern verboten, um die Produktionsgeheimnisse für Nürnberg zu erhalten. Nach wie vor war den Handwerkern jede Selbstorganisation in Zünften verboten. Durch das Rugamt übte der Rat seine Herrschaft und Kontrolle über die Handwerker aus, erließ Handwerksordnungen, bestimmte jede einzelne Lehrlings- und Gesellenaufnahme oder Meistersprechung. Kein Handwerksumtrunk durfte stattfinden ohne Beisein eines Rugbeamten, Briefe auswärtiger Zünfte an Nürnberger Handwerke mussten diese ungeöffnet dem Rat übergeben, der dann

Zerstörung fränkischer Raubschlösser durch Truppen des Schwäbischen Bundes 1523. – Illustration in einer Nürnberger Chronik aus dem frühen 17. Jahrhundert (StadtAN E 28/II Nr. 1735).

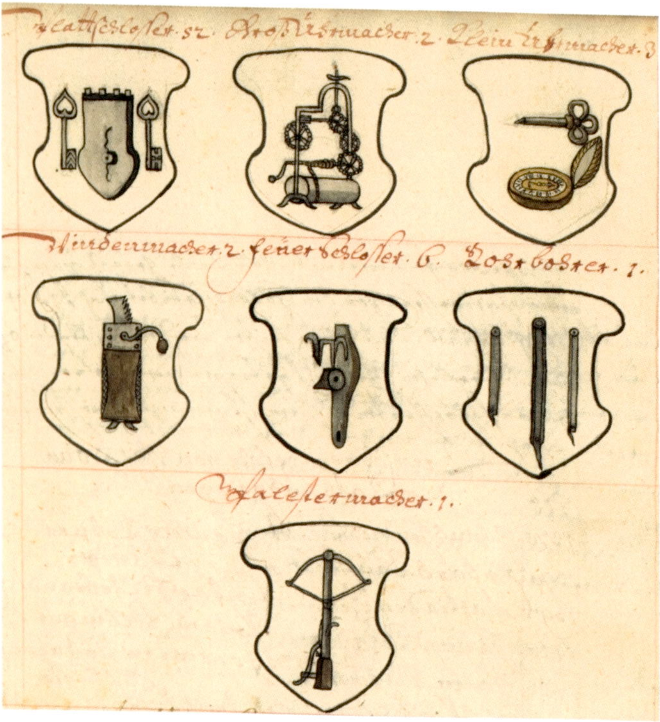

Diese Zusammenstellung von Wappen einiger (nicht aller!) Nürnberger Schlosserhandwerke in einem privaten handwerksgeschichtlichen Manuskript Johann Michael Filzhofers 1719 gibt einen Eindruck vom hohen Spezialisierungsgrad des Nürnberger Handwerks (StadtAN B 12 Nr. 62).

über das weitere Vorgehen entschied. Andererseits zog das Rugamt zur Vorbereitung seiner Entscheidungen auch die Vorgeher oder Geschworenen der Handwerke heran, sodass deren Sachverstand in die Entscheidungen einfließen konnte, und durch ihre eigene Handelstätigkeit waren die Ratsherren mit den Erfordernissen des Marktes bestens vertraut.

Über den reinen Handel hinaus drang das Kapital der großen Nürnberger Handelsgesellschaften auch in die Produktion ein. Gerade die Exportgewerbe waren oft in der damals modernen Form des Verlags organisiert, in der die Verleger (meist Großhändler) den Handwerkern ihre Arbeitsmittel zur Verfügung stellten und die Fertigprodukte abnahmen. Hierdurch wurde der Produktion das nötige neue Kapital zur Verfügung gestellt, die Handwerker allerdings in die Abhängigkeit von den Verlegern herabgedrückt. Durch Verlagsbeziehungen, Direktinvestitionen in Bergwerke und Verarbeitungsbetriebe wie Drahtziehmühlen und Saigerhütten sowie eine mancherorts monopolähnliche Stellung als Abnehmer gelang den Nürnberger Handelsgesellschaften die wirtschaftliche Durchdringung eines Gebiets, das über das Nürnberger Landgebiet weit hinausreichte. In der zweiten Hälfte des 15. Jahrhunderts beherrschte Nürnberger Kapital das Montanwesen Sachsens (Freiberg), den Kupferbergbau Nordböhmens (Joachimstal) und des Harzes (Mansfeld); 1525 konnte es sogar – wenngleich vergeblich – versuchen, die Fugger aus dem Kupferbergbau Oberungarns (Slowakei) zu verdrängen. Ergänzt wurde die Geschäftstätigkeit der Nürnberger Gesellschaften durch Finanzgeschäfte.

HINTERGRUND

DIE NÜRNBERGER SAIGERHÜTTEN

Seit 1419 errichteten überwiegend patrizische Unternehmer in oder nahe Nürnberg sechs Saigerhütten, in denen nach einem neu entwickelten Verfahren aus importiertem Kupfererz Kupfer und Silber gewonnen wurde. Ihr enormer Holzverbrauch beeinträchtigte zunehmend die Reichswälder und damit die Holzversorgung der Nürnberger Handwerker und der Bevölkerung insgesamt. Auf eine Beschwerde von Handwerkern hin untersagte der Rat die Gründung neuer Betriebe und schränkte die Entnahme von Holz aus den Reichswäldern so weit ein, dass der Standort unhaltbar wurde. Ab 1461 wurden die nach dem Markgrafenkrieg gerade erst wiederaufgebauten Saigerhütten in den Thüringer Wald verlegt.

Wie bereits 100 Jahre zuvor im Fall der Hammerwerke hatte sich der Rat im Konfliktfall gegen starke Wirtschaftsinteressen seiner eigenen Mitglieder und ihrer Verwandten für eine nachhaltige Waldbewirtschaftung im Interesse des Nürnberger Handwerks und der ganzen Bevölkerung entschieden.

Reich und Arm: Die Nürnberger Gesellschaft der Blütezeit

Der Aufstieg Nürnbergs war begleitet von einem rasanten Anstieg seiner Bevölkerungszahl. Trotz verheerender Pestepidemien, die oft tausende von Opfern forderten, stieg die Bevölkerungszahl von ca. 20.000 im Jahre 1431 auf rund 45.000 zur Zeit der Reformation, eine Verdoppelung in weniger als 100 Jahren. Damit wurde Nürnberg zur größten Stadt Deutschlands nach Köln. Möglich war dies durch eine erhebliche Zuwanderung während des gesamten Zeitraums, die durch die Wirtschaftsblüte hervorgerufen wurde und sie zugleich ermöglichte. Die in Teilbereichen durchaus freiheitliche Wirtschaftsverfassung Nürnbergs bot Zuwanderern die Möglichkeit, auch abseits der strengen Handwerksordnungen ihren Platz in der Gesellschaft zu finden. Dagegen wurde die jüdische Gemeinde Nürnbergs auf Bitten des Rates von Kaiser Maximilian I. 1499 ausgewiesen.

Eine reiche, zumeist kaufmännische Oberschicht von 42 patrizischen und etwa 400 bürgerlichen Familien, rund 6–8 Prozent der Bevölkerung, bildete die Spitze der Nürnberger Gesellschaft. Die Mittelschicht von mittleren Kaufleuten und gehobenen Handwerksmeistern war in Nürnberg, bedingt durch die hohe Differenzierung und Spezialisierung des Handwerks, breiter als in anderen Städten; eine Liste von 1621 nennt eine Zahl von ca. 3700 Handwerksmeistern. Dennoch bildeten auch in Nürnberg die Unterschichten die größte Bevölkerungsgruppe, die in sich sehr verschiedenartig war: von armen Handwerksmeistern oder Krämern über Gesellen und Hausgesinde bis hin zu Tagelöhnern, Spitalinsassen und Bettlern reichte ihre Spannbreite, ihre wirtschaftliche Lage von verhältnismäßig gesichert bis zu dauernd hilfsbedürftig. Über 10 Prozent der Bevölkerung war selbst in der Blütezeit des reichen Nürnberg zumindest zeitweilig auf Hilfe angewiesen, und diese Zahl konnte in Notzeiten auf ein Drittel der Einwohner anwachsen. Ein reiches Stiftungswesen, das in Deutschland seinesgleichen suchte, antwortete auf dieses Bedürfnis.

Neben dieser eher unscharfen, wirtschaftlich und sozial bestimmten Gliederung der Nürnberger Gesellschaft stand eine

Gesellenstechen am Rosenmontag 1446. – Illustration in einer Nürnberger Chronik, begonnen von Erhard Schürstab im 16. Jahrhundert (StadtAN F 1 Nr. 132).

offizielle Ständegliederung, die teils nach wirtschaftlichen und sozialen, teils aber auch nach politischen und geburtsständischen Kriterien definiert war. Seit dem 16. Jahrhundert griff sie durch eine Vielzahl immer wieder übertretener, aber ebenso oft durch Strafen sanktionierter und immer wieder erneuerter Kleider-, Tauf-, Leich- und Luxusordnungen tief in das Privatleben der Nürnberger ein.

DIE NÜRNBERGER STÄNDEGLIEDERUNG

1. Stand: Patrizier (seit 1521 zunächst 42 im Tanzstatut festgelegte Familien);
2. Stand: Großkaufleute und Akademiker in städtischen Diensten, die einen Sitz im Größeren Rat hatten;
3. Stand: übrige Kaufleute des Größeren Rats und die acht Handwerker im Kleinen Rat (»Handwerksherren«);
4. Kleinhändler und Handwerker des Größeren Rats sowie Kaufmannsdiener und Faktoren fremder Firmen;
5. Alle übrigen Bürger Nürnbergs.

Außerhalb der Ständeordnung standen die Einwohner ohne Bürgerrecht.

Im Laufe des 15/16. Jahrhunderts veränderte der wachsende Reichtum der Patrizier ihr gesellschaftliches Selbstverständnis. Sie begannen, sich wie Adelige zu kleiden, und ahmten den adeligen Lebensstil nach. Nach dem Vorbild des Landadels, aber auch ihres großen Vorbilds und Rivalen Venedig legten sie immer größere Teile der Gewinne ihres Fernhandels nicht mehr in Handel und Produktion, sondern in Grundbesitz an, erbauten sich burgähnliche Landsitze und veranstalteten turnierähnliche »Gesellenstechen« (s. Abb. S. 61).

Auf die zunehmende Abschottung des Adels gegenüber dem Patriziat reagierte dieses mit seiner eigenen Abschottung gegenüber den bürgerlichen Kaufleuten. 1521 schloss sich das Nürnberger Patriziat im »Tanzstatut« gegenüber der übrigen Bevölkerung ab: Wie reich ein Kaufmann auch war, der Aufstieg ins Patriziat blieb ihm künftig verwehrt. Macht und Reichtum, bislang in Nürnberg in den gleichen Familien verbunden, begannen langsam auseinanderzufallen.

Die »Dürerzeit« – Nürnberg als Zentrum europäischer Kunst

Kunst braucht Mäzene – und das waren im Mittelalter Königs- und Fürstenhöfe oder die Kirche. Hier hatte Nürnberg wenig zu bieten, und tatsächlich ist eine nennenswerte einheimische Kunst erst spät erkennbar, und noch lange stand sie unter fremdem, meist böhmischem Einfluss. Erst als aus den Gewinnen des Fernhandels eine reiche Oberschicht herangewachsen war, konnte seit der zweiten Hälfte des 15. Jahrhunderts auch in Nürnberg eine bedeutsame eigene Kunst entstehen. Die reiche Kaufmannschaft bildete eine zahlungskräftige Käuferschicht, die das Fehlen eines Hofes wettmachte; sie importierte die nötigen Materialien und erschloss einen breiten Absatzmarkt, der wiederum Bestellungen auch auswärtiger Höfe nach sich zog. Der Status vieler Kunsthandwerke als »freie Kunst« zog auswärtige Köpfe an, die sich hier frei von lästigen Handwerksordnungen etablieren und entfalten konnten; die Mehrzahl der hervorragendsten Künstler der Blütezeit sind Zuwanderer. Der hohe Differenzierungsgrad des Nürnberger Handwerks erlaubte Kooperationen auf höchstem Niveau.

Als Erstem gelang es dem 1457 eingebürgerten Hans Pleydenwurf (um 1420–1472), durch die Aufnahme niederländischer Vorbilder die Nürnberger Malerei vom böhmischen Einfluss zu lösen und eine eigenständige Nürnberger Kunst zu schaffen. Sein Nachfolger in Bett und Werkstatt, Michael Wohlgemut (1434/37–1519), schuf einen Großbetrieb, der Altarmalerei, Glasmalerei und Buchholzschnitt Süddeutschlands gleichermaßen beeinflusste, und dessen Schüler

BIOGRAFIE

ALBRECHT DÜRER

Der 1471 geborene Sohn eines aus Ungarn zugewanderten Goldschmieds brach seine Goldschmiedlehre ab, um sich von Michael Wohlgemut zum Maler ausbilden zu lassen. Nach einer Gesellenwanderung zum Rhein gründete er 1494 eine eigene Werkstatt zunächst im väterlichen Haus, reiste aber noch 1494/95 zur weiteren Ausbildung nach Venedig; spätere Geschäfts- und Bildungsreisen führten ihn wiederum nach Italien (1505–1507) und in die Niederlande (1520/21). Holzschnitte und Kupferstiche begründeten seinen frühen Ruhm, bald folgten Aufträge zu Gemälden von Nürnberger und auswärtigen Patriziern, aber auch von Kurfürst Friedrich dem Weisen von Sachsen und später vom Nürnberger Rat; 1512–1519 war er an künstlerisch-propagandistischen Großprojekten Kaiser Maximilians I. beteiligt. In Dürers Werk vereinigen sich Züge der deutschen Spätgotik und der italienischen Renaissance, spätmittelalterlicher Frömmigkeit und des frühneuzeitlichen Humanismus. Ab 1503 arbeiteten später so berühmte Maler wie Hans Baldung Grien, Hans Schäufelein und Hans von Kulmbach als Gesellen in seiner Werkstatt. Sein Erfolg erlaubte ihm 1509 den Kauf des heutigen Albrecht-Dürer-Hauses in der Nähe der Kaiserburg (Albrecht-Dürer-Str. 39); im gleichen Jahr wurde er Genannter des Größeren Rates.

Albrecht Dürer starb 1528. An heute noch erhaltenen Werken (vieles ging verloren) hinterließ er rund 90 Gemälde, 100 Stiche, 300 Holzschnitte, 400 Buchillustrationen und 3 Lehrbücher. Er gilt als größter Sohn Nürnbergs und einer der bedeutendsten Künstler der Welt.

Das »Dürerhaus«, 1509–1528 Wohnhaus und Werkstatt Albrecht Dürers, heute Museum. – Fotografie von 2015.

Albrecht Dürer (1471–1528) prägte vor allem durch seine Druckgraphik, aber auch durch seine Lehrbücher die Kunst weit über die Grenzen Deutschlands hinaus. Nicht umsonst erhielten die Jahre 1480–1530 von der Kunstgeschichte den Namen »Dürerzeit«.

In nur drei Generationen war der Nürnberger Kunst der Aufstieg aus der Provinzialität an die Weltspitze gelungen.

Zeitgleich mit der Malerei begann die Blütezeit der Nürnberger Plastik. Höhepunkt des großen Bronzegusses war die von 1453 bis 1554 über mehrere Generationen geführte Werkstatt Peter Vischers. Vielgestaltig war die Plastik aus anderen Materialien, aus Messing, Holz, Stein, Gold und Elfenbein, meist, aber nicht immer kleineren Formats. Namen wie Veit Stoß, Adam Kraft, Peter Flötner und Wenzel Jamnitzer stehen für die Bedeutung Nürnberger Kunst und Kunsthandwerks auch in diesem Bereich.

Aufgrund der großen Bedeutung des Exports für Nürnbergs Kunst und Kunsthandwerk sind Nürnberger Kunstwerke heute meist außerhalb der Stadt anzutreffen, und auch das Überwiegen kleiner Formen und Formate sowie die bedeutende Rolle der Druckgraphik in der Nürnberger Kunst sind hierauf zurückzuführen. Diese Vorherrschaft der kleinen Formen ist gemeint mit dem oft missverstandenen Wort, die Nürnberger seien »im Kleinen groß«.

KÜNSTLER UND DICHTER DER BLÜTEZEIT 1427–1618 (AUSWAHL)

Hans Rosenplüt (Schnepperer) (um 1400–1460), Messinggießer, Büchsenmacher, Dichter.

Hans Pleydenwurf (um 1420–1472), Maler.

Michael Wohlgemut (1434/37–30. 11. 1519), Maler, Zeichner, Reißer.

Hans Folz (um 1435/40–1513), Barbier, Wundarzt, Dichter und Meistersinger.

Hartmann Schedel (1440–1514), Arzt, Humanist.

Veit Stoß (um 1450–1533), Bildhauer (u. a. Engelsgruß in St. Lorenz).

Adam Kraft (1455/60–1508/09), Steinbildhauer (u. a. Sakramentshaus in St. Lorenz).

Konrad Celtis Protucius (Pickel) (1. 2. 1459–4. 2. 1508), Humanist, Schriftsteller.

Peter Vischer d. Ä. (um 1455/60–1529), Erzgießer (u. a. Sebaldusgrab in St. Sebald).

Willibald Pirckheimer (1470–1530), Ratsherr, Humanist, Schriftsteller.

Albrecht Dürer (1471–1528), Maler und Graphiker.

Hans Süß von Kulmbach (um 1482–1522), Maler, Reißer.

Hans Schäufelein (um 1485–um 1539), Maler, Zeichner, Reißer.

Peter Vischer d. J. (1487–1528), Erzgießer (u. a. Sebaldusgrab in St. Sebald).

Helius Eobanus Hessus (1488–1540), Dichter, Humanist.

Pankraz Labenwolf (1492–1563), Erzgießer (u. a. Apollobrunnen, Gänsemännchenbrunnen).

Peter Flötner (um 1490/95–1546), Bildhauer, Formschneider, Ornamentzeichner (u. a. Hirschvogelsaal).

Hans Sachs (1494–1576), Schuhmacher, Dichter und Meistersinger.

Johann Neudörffer (1497–1563), Schreib- und Rechenmeister (u. a. Gestalter der Fraktur- und Kurrentschrift).

Wenzel Jamnitzer (1508–1585), Goldschmied.

Jakob Wolff d. Ä. (um 1546–1612), Steinmetz, Baumeister (u. a. Fleischbrücke, Pellerhaus).

Benedikt Wurzelbauer (1548–1620), Erzgießer (u. a. Tugendbrunnen).

Hans Leo Haßler (1564–1612), Musiker und Komponist.

Jakob Wolff d. J. (vermutl. 1571–1620), Baumeister, Steinmetz (u. a. Baumeisterhaus, Rathaus).

Wie eine Sonne unter Mond und Sternen – Humanismus und Bildung

Nurmberg leucht wahrlich Jnn gantz Deutsches land wie eine Sonne unter mon(d) und sternen – mit diesem Lob bezieht sich Martin Luther (1483–1546) auf Nürnbergs Stellung im deutschen Humanismus und Bildungswesen. Trotz des Fehlens eines Fürstenhofs und einer Universität fand der Humanismus auch in Nürnberg Eingang, teils über das Studium junger Patrizier an humanistisch geprägten Universitäten Italiens, teils durch die vom Rat geförderten Klosterreformen, die das Entstehen eines eigenen Klosterhumanismus – auch und gerade in den Frauenklöstern – ermöglichten. Zahlreiche deutsche Humanisten (Konrad Celtis, Eobanus Hessus, Hartmann Schedel, Willibald Pirckheimer) lebten zeitweilig oder auf Dauer in Nürnberg; in ihren Kreisen entstand eines der größten und schönsten Buchprojekte des Spätmittelalters, Hartmann Schedels reich bebilderte Weltchronik (1493), deren Abbildung Nürnbergs zum Inbegriff der mittelalterlichen Stadt geworden ist (siehe Buchumschlag).

Wichtigster Nürnberger Humanist war der Patrizier Willibald Pirckheimer, der zunächst die Reformation begrüßte, sich dann aber, enttäuscht von ihrer Unduldsamkeit, wieder abwandte. Vertreterin des Klosterhumanismus war seine Schwester Caritas. Als Äbtissin des Klaraklosters kämpfte sie nach der Reformation auf verlorenem Posten für das Überleben ihres Klosters und erregte die Bewunderung selbst des Reformators und Humanisten Philipp Melanchthon.

Ursache und Folge des Humanismus zugleich war das vorbildliche Schulwesen Nürnbergs. Lesen, Schreiben und kaufmännisches Rechnen wurden in den privaten Schulen der Schreib- und Rechenmeister vermittelt, von denen nicht wenige durch Mathematik- und Schreibmusterbücher weit über Nürnberg hinaus wirkten. Dagegen waren die vier Lateinschulen an St. Sebald, St. Lorenz, St. Egidien und Heilig-Geist zunächst nur auf die liturgischen Bedürfnisse der Kirchen ausgerichtet. Durch die Vermittlung der Welt- und Wissenschaftssprache Latein waren sie aber nicht nur für angehende Kaufleute, Geistliche und Juristen, sondern auch für viele Handwerkersöhne attraktiv. Um auch der neuen humanistischen Bildung eine Heimstatt zu geben, gründete der Rat 1496 eine »Poetenschule«, die er aber auf den massiven Protest der Lateinschulen hin 1509 wieder eingehen ließ. Stattdessen ordnete er die Aufnahme humanistischer Inhalte in den Lehrplan der Lateinschulen an. Erst als Martin Luther die Obrigkeiten zur Gründung von höheren Schulen aufforderte, richtete der Rat mit Unterstützung Melanchthons ein humanistisches Gymnasium ein, aus dem auch die spätere Nürnberger Universität Altdorf hervorgegangen ist. Unter dem Namen »Melanchthon-Gymnasium« besteht es noch heute.

Meistergesang und Fastnachtsspiel

Seit Richard Wagners »Die Meistersinger von Nürnberg« untrennbar mit dem Namen Nürnberg verbunden ist der Meistergesang. In ihm schlossen sich musikbegeisterte Laien, meist Handwerker, zu Singschulen zusammen, in denen sie nach festen Regeln Lieder dichteten, komponierten, bewerteten und öffentlich vortrugen. Der vor allem in süddeutschen Städten verbreitete Meistergesang hatte ein Zentrum in Nürnberg; die Reformen des Hans Sachs erschlossen ihm neue, auch weltliche

HANS SACHS (1494–1576)

Hans Sachs war ein Schuh- / macher und Poet dazu (anonym) – In Froschpfuhl all das Volk verbannt, / das seine Meister je verkannt! (Goethe): Zwischen Verspottung und Verehrung schwankt das Bild des bekanntesten Nürnberger Schriftstellers seit jeher. Der Sohn eines Schneiders lernte nach achtjährigem Besuch der Lateinschule das Schuhmacherhandwerk und wurde nach ausgedehnter Gesellenwanderung 1520 Meister. Schon zuvor hatte er sich dem Meistergesang zugewandt; im Laufe seines Lebens schrieb er 4.286 Meisterlieder und komponierte 13 Töne. Durch seine Reformen gab er dem Meistergesang ganz Deutschlands eine neue Richtung.

Seit 1523 stellte Sachs sein Dichten in den Dienst der Reformation Martin Luthers. In dem Gedicht »Die Wittenbergisch Nachtigall« und in vier lehrhaften Prosadialogen nach dem Vorbild der Humanisten suchte er Luthers Denken einem breiten Publikum nahezubringen; in polemischen Spruchgedichten griff er die Papstkirche so heftig an, dass ihm der Rat aus politischen Rücksichten Schreibverbot erteilte (»Schuster, bleib bei deinem Leisten!«). Auch seine politische Spruchdichtung ging zuweilen über das für den Rat Tolerierbare hinaus; seine schwarze Satire »Himmelfahrt des Markgrafen Albrecht« erschien dem Rat so brisant, dass er sie noch aus dem Nachlass entfernen ließ. Resigniert musste Sachs feststellen: *Ist zu dichten gar gefährlich, dieweil man liebt die Wahrheit schwerlich.*

In über 100 Tragödien und Komödien, oft nach lateinischen Vorlagen, vermittelte Sachs einem gebildeten deutschsprachigen Publikum biblische, antike, mittelalterliche und humanistische Stoffe, während seine 85 Schwänke und Fastnachtsspiele sich an ein breiteres Publikum richteten. Auch diese aber verbergen hinter ihrem burlesken Inhalt ein ernsthaftes moralisches Anliegen. Sachs' ernsthafte Texte sind dem modernen Menschen fremd geworden und nur noch Spezialisten bekannt. Dagegen sind seine Schwänke und Fastnachtsspiele noch heute populär und werden Jahr für Jahr auf Nürnbergs Freilichtbühnen aufgeführt.

Das von Johann Konrad Krausser geschaffene und von Christoph Albrecht Lenz gegossene Hans-Sachs-Denkmal. – Fotografie von 2009.

Inhalte und machten ihn zu einer fast rein lutherischen Angelegenheit. Alle seither neu gegründeten oder reformierten Meistersingerschulen Deutschlands standen unter dem Einfluss der Reformen des Hans Sachs.

Neben den Meistergesang trat das Fastnachtsspiel als zweite volkstümliche Literaturgattung. Auch hier nahm Nürnberg eine zentrale Stellung ein, die Mehrzahl der überlieferten Fastnachtsspiele ist Nürnberger Herkunft. Die anfangs revueartigen und oft zotigen Aufführungen wurden von Hans Sachs durch die Verlegung auf eine Bühne und Einführung einer Moral zu echten Schauspielen umgeformt. Diese verband Jakob Ayrer in der zweiten Jahrhunderthälfte mit der fortgeschrittenen Bühnentechnik der englischen Komödianten und wurde so zum neben Hans Sachs wichtigsten deutschen Dramatiker des 16. Jahrhunderts. Der Dreißigjährige Krieg und eine zunehmend

MARTIN BEHAIM »DER SEEFAHRER«

Als bekanntester Vertreter Nürnberger Entdeckergeistes gilt Martin Behaim (1459–1507). Als Sohn eines Patriziers und Kaufmanns erhielt er eine Tuchhändlerausbildung in Mecheln und Antwerpen (Flandern) und ging dann nach Portugal, machte am Königshof Karriere und wurde 1485 zum Ritter geschlagen. Welche Rolle er in den portugiesischen Entdeckungsfahrten spielte, ist unklar, jedoch scheint er an wenigstens einer Fahrt entlang der Westküste Afrikas teilgenommen zu haben. Während eines Besuchs in Nürnberg 1492–1494 entwarf er einen Globus, der als Gemeinschaftsarbeit Nürnberger Humanisten, Handwerker und Künstler hergestellt und vom Rat zur Aufstellung im Rathaus angekauft wurde. Als ältester erhaltener Globus der Welt und einziger, der noch das Weltbild vor der Entdeckung Amerikas zeigt, begründete er den Nachruhm Martin Behaims. Nachdem ein Thronwechsel in Portugal seine Stellung am Hofe untergraben hatte, starb er völlig verarmt in Lissabon.

Zu Lebzeiten war Martin Behaim wegen seiner ausländischen Allüren und seines wenig soliden Lebenswandels das schwarze Schaf der Familie. Erst lange nach seinem Tod setzte eine reiche Legendenbildung um seinen angeblichen Beitrag zu den Entdeckungsreisen ein: Als Schüler des Nürnberger Astronomen Johannes Regiomontanus habe er dessen Ephemeriden und den Jakobsstab (ein wichtiges Navigationsinstrument) nach Portugal gebracht und so die Entdeckungsreisen entscheidend gefördert; er habe Kolumbus auf die Idee des Westweges nach Indien gebracht oder gar schon vor diesem selber Amerika entdeckt; eine von ihm gezeichnete Karte habe Magellan auf seiner Weltumsegelung den Weg in den Pazifik gewiesen. Obwohl diese Legenden teils widerlegt, teils unbeweisbar sind, halten sich manche von ihnen in der populären Behaim-Literatur bis heute.

1890 hat die Stadt Nürnberg ihrem berühmten Sohn auf dem Theresienplatz ein Denkmal errichtet. Benannt sind nach ihm eine Straße und ein Gymnasium. Behaims Globus befindet sich, frisch renoviert, im Germanischen Nationalmuseum.

Der Behaim-Globus, hergestellt 1490–1492.

restriktive Theaterpolitik des Rates, der die Aufführungen der englischen Komödianten und deutschen Hoftheater bevorzugte, ließen diese vielversprechende Entwicklung des deutschen Theaters abbrechen.

Nach Indien und Amerika

1492 entdeckte Kolumbus Amerika, 1497 fand Vasco da Gama den Seeweg nach Indien, und 1522 gelang die erste Umsegelung der Welt. In Nürnberg fanden diese Ereignisse in Humanisten- und Kaufmannskreisen aufmerksame Beobachter, begann sich doch eine Verlagerung der Handelswege abzuzeichnen. Während Venedig in eine tiefe Krise geriet, sah Nürnberg neue Chancen. Der Bedarf Spaniens und Portugals an Kapital und Handelsgütern bot ihm die Möglichkeit, sich mit Geld (Anleihen und

Beteiligungen), Handelswaren (mitteldeutsches Kupfer, Nürnberger Metallwaren und Textilien) und Ausrüstung (nautische Präzisionsinstrumente und Waffen aus Nürnberger Produktion) in die Finanzierung und Ausstattung der Entdeckungsfahrten einzuschalten und an den Handelsfahrten zu beteiligen.

Seit 1503 gründeten wichtige Nürnberger Handelsfirmen Kontore in Lissabon, Sevilla und Antwerpen. 1505/06 beteiligten sich die Nürnberger Imhoff und Hirschvogel mit einem eigenen Schiff an der 7. portugiesischen Indienfahrt unter Francisco de Almeida, 1535/37 der Nürnberger Zweig der Welser an der spanischen La Plata-Expedition und der Gründung von Buenos Aires. 1546 gründete Hans Tetzel ein Kupferbergwerk auf Kuba, das 20 Jahre lang in seinem Besitz blieb. Auch einzelne Nürnberger suchten ihr Glück in der Fremde. So war Barthel Blümel (Bartolome Flores, 1506–1585) als Kaufmann in Mittelamerika, kämpfte unter Pizarro gegen die Inkas und wurde Mayordomo (Stadtverwalter) des neu gegründeten Santiago de Chile, während Egidius Arnold (1550–1608) in Peru ein Vermögen erwarb, mit dem er nach seiner Rückkehr nach Nürnberg reiche Wohltätigkeitsstiftungen gründete. Selbst Angehörige Nürnberger Patrizierfamilien beteiligten sich persönlich an den Handelsfahrten nach Übersee.

Das Ausgreifen Nürnberger Firmen nach Indien und Amerika sollte aber nicht von langer Dauer sein. Gegen Ende des 16. Jahrhunderts schlossen Spanien und Portugal ihre Kolonien gegenüber fremden Kaufleuten ab, und englische Freibeuter machten bei ihrer Jagd auf spanische und portugiesische Schiffe auch vor deutschem Frachtgut nicht halt. Schrittweise zogen sich die Nürnberger Kaufleute aus dem direkten Kolonialhandel zurück. Als Zulieferer von Handelsgut (»Nürnberger Tand«) an die Seemächte und Abnehmer von Kolonialwaren blieben Nürnberger Handelshäuser aber auch künftig maßgeblich am Handel nach Übersee beteiligt.

Gott oder Kaiser – Die Reichsstadt zur Zeit der Glaubenskämpfe

Reformation und Bauernkrieg

Schon immer hatte sich der Rat für das christliche Leben der Stadt verantwortlich gefühlt. Mehrfach hatte er, wenn Missstände in Nürnberger Klöstern eingerissen waren, im Zusammenwirken mit gleichgesinnten Kräften der kirchlichen Hierarchie (Ordensleitung, Bischof oder Papst) den reformwilligen Kräften des Ordens zum Erfolg verholfen und dabei zugleich wichtige Aufsichtsrechte an sich ziehen können. Als Martin Luther seit 1517 mit weitreichenden Reformforderungen an die Öffentlichkeit trat, fielen seine Ideen in Nürnberg auf fruchtbaren Boden.

Oberstes Ziel des Rates aber war nicht die Durchführung religiöser Reformen, sondern die Wahrung des religiösen Friedens in der Stadt, die »einhellige Predigt« oder zumindest eine Diskussion ohne Schärfen. Viele, auch die reformfreundlichsten Ratsherren hingen noch den alten Bräuchen an, stifteten gerade in jenen Jahren den Englischen Gruß (aufgehängt 1518) und das Sebaldusgrab (beendet 1519) oder gaben ihre Töchter ins Kloster. Vor allem aber war der Rat zur Rücksichtnahme auf Kaiser und Papst gezwungen. 1522/23 und 1524 tagten zwei Reichstage in Nürnberg, und 1521–1524 war die Stadt Sitz des Reichsregiments. Nürnberg stand also im Zentrum der Aufmerksamkeit, und während der Rat seit 1517 frei werdende Predigerstellen mit reformorientierten Geistlichen, oft Schülern Luthers, besetzte, befolgte er die Anordnungen des Kaisers und Reichstags, verbot 1520 den Druck der Schriften Luthers und schlug 1521 seine Achterklärung an der Rathaustür an. Forderungen, das Wormser Edikt durchzuführen und die lutherischen Prediger zu verhaften, wies er aber zurück.

Kaum hatte im April 1524 der Reichstag geendet und das Reichsregiment Nürnberg verlassen, da führten die Nürnberger Geistlichen am 5. Juni 1524 eigenmächtig neue Gottesdienstformen ein. Ultimativ verlangte der Rat die Rücknahme der Reform, aber die Geistlichen weigerten sich, und das Volk, selbst viele Ratsherren standen auf ihrer Seite. Der Rat gab nach; vor dem Kaiser rechtfertigte er sein Nachgeben mit der Gefahr eines Volksaufstands. Die Exkommunizierung und Absetzung der verantwortlichen Prediger durch den Bischof von Bamberg wurden in Nürnberg ignoriert.

In einem letzten Versuch, eine Einigung herbeizuführen, veranstaltete der Rat vom 3.–12. März 1525 im großen Rathaussaal ein öffentliches Religionsgespräch, eine Podiumsdiskussion der führenden Vertreter beider Parteien. Der gesamte Kleinere und Größere Rat und weitere Bürger waren anwesend, eine große Volksmenge folgte den Verhandlungen vor

»Hölle« des Schembartlaufs 1539 mit Verspottung des Predigers Andreas Osiander. – Kolorierter Kupferstich, o.D. (StadtAN E 13/II Nr. G 593).

den geöffneten Fenstern. Das Religionsgespräch überzeugte den Rat; mit großer Mehrheit stimmte er der Position der Anhänger Luthers zu. Die altgläubige Messe und Predigt wurden verboten, das Augustiner-, Karmeliter-, Egidien- und Kartäuserkloster, deren Mönche sich der Reformation anschlossen, dem Almosen übergeben. Die Konvente der Bettelorden, die am alten Glauben festhielten, durften keine Novizen mehr aufnehmen und starben bis 1596 langsam aus. Als erste Reichsstadt überhaupt hatte sich Nürnberg offiziell der Reformation angeschlossen und damit, wie Kaiser Karl V. schon ein Jahr zuvor gefürchtet hatte, dem *mehrer(n) Teil der andern im Heiligen Reich ihr Beispiel und Ursach* gegeben.

Verschärft wurde die Situation durch den Bauernkrieg, der 1524/25 Süddeutschland heimsuchte. Auch unter den Nürnberger Unterschichten in Stadt und Land gärte es, doch gelang es dem Rat, durch eine Mischung von hartem Durchgreifen gegen die Rädelsführer und frühzeitigen Zugeständnissen eine Ausweitung auf das Nürnberger Landgebiet zu verhindern. In den Kämpfen zwischen Fürstenheeren und Bauernhaufen verhielt der Rat sich strikt neutral. Als die Fürsten nach der Niederschlagung des Aufstands mit harten Strafmaßnahmen gegen die Bauern vorgingen, suchte er mäßigend auf sie einzuwirken; die von ihm gewährten Zugeständnisse blieben weitgehend in Kraft.

HINTERGRUND

DAS ENDE DES SCHEMBARTLAUFS

Dass die Reformation tief in das Brauchtum des Volks eingriff und hier auch bei ihren eigenen Anhängern durchaus auch Widerstand hervorrief, zeigt das Beispiel des Schembartlaufs.
Ursprung und Bedeutung des seit 1449 nachweisbaren Schembartlaufs sind dunkel. Der Sage nach soll das Metzgerhandwerk als Lohn für seine im Handwerkeraufstand 1348 bewiesene Treue zum Rat das Privileg erhalten haben, zu Fastnacht einen »Zämertanz« aufzuführen; aus einer Ordnertruppe könnte die Schembartrotte entstanden sein. Fest steht, dass sich der Schembartlauf vom Zämertanz löste und zu einem Maskenaufzug junger Patrizier wurde, die den Metzgern das Recht hierzu jährlich neu abkaufen mussten. Auf fester Route zogen die Schembartläufer

seither in einheitlichen, phantasievollen Kostümen, einen Motivwagen (die »Hölle«) mit sich führend, vom Rathaus durch die Sebalder und Lorenzer Stadt zurück zum Hauptmarkt, wo sie die »Hölle« stürmten und verbrannten. Die Reformation machte dem beliebten Fastnachtsbrauch ein Ende. Erst 1539 gelang es noch einmal, gegen den heftigen Widerstand des führenden Predigers Andreas Osiander die Genehmigung für einen Lauf zu erhalten. Er wurde mit 150 Teilnehmern der größte Schembartlauf aller Zeiten – und die Läufer ließen es sich nicht nehmen, in der mitgeführten »Hölle« den strengen Osiander mit Hohn und Spott zu überschütten.
Der Skandal war perfekt, selbst Martin Luther im fernen Wittenberg erhob Protest. Der Rat verbot den Schembartlauf für immer.

Zwischen den Stühlen: Vom Durchlavieren zum Zweiten Markgrafenkrieg

Jahrhundertelang beruhte Nürnbergs Aufstieg auf der engen Bindung der Reichsstadt an ihren Stadtherrn, den Kaiser. Seit Einführung der Reformation war es mit dem Einvernehmen vorbei. Schon 1521 verlegte Karl V. seinen geplanten ersten Reichstag, entgegen der Goldenen Bulle, unter einem Vorwand nach Worms. Nie mehr berief ein Kaiser seinen ersten Reichstag nach Nürnberg ein, und 1543 erlebte die Stadt ihren letzten Reichstag überhaupt. Reichsregiment und Reichskammergericht kamen 1524 nach Esslingen. Nur noch selten erschien ein Kaiser zu Besuch in der Reichsstadt, und stets weigerte er sich, in der jetzt evangelischen Sebalduskirche den traditionellen Gottesdienst zu feiern. Umso mehr bemühte sich der Rat, durch ein prachtvolles weltliches Empfangszeremoniell seine Verbundenheit mit dem Reichsoberhaupt zu betonen. Beide Seiten waren noch immer aufeinander angewiesen, aber das Verhältnis war abgekühlt.

Die Jahre nach Einführung der Reformation stehen im Zeichen des Lavierens zwischen der Treue zum evangelischen Glauben und zum katholischen Kaiser. Je mehr die konfessionellen Gegensätze sich verschärften, desto schwerer musste dies fallen. Dem Schmalkaldischen Bund, einem Schutzbündnis evangelischer Fürsten und Städte, trat Nürnberg trotz Aufforderung nicht bei. 1546 kam der Krieg beider Parteien mit dem Feldzug Karls V. gegen den Schmalkaldischen Bund zum offenen Ausbruch. Mit Darlehen und Waffenlieferungen an beide Seiten erkaufte der Rat seine Neutralität. Trotz kaiserlicher Einquartierungen blieb Nürnberg von Kriegshandlungen ebenso verschont wie von den Repressionen, die der siegreiche Kaiser den Reichsstädten des Schmalkaldischen Bundes auferlegte. Die Neutralität des Rates hatte sich ausgezahlt.

Nach Karls V. Sieg riefen seine selbstherrlichen Bestrebungen neuen Widerstand hervor. Im Bündnis mit König Heinrich II. von Frankreich bildete sich 1552 ein Fürstenbund, um die Freiheit der Fürsten gegen die Selbstherrschaft des Kaisers zu verteidigen. Ultimativ verlangten die Fürsten Nürnbergs Beitritt, und wieder gelang es dem Rat, sich mit 100.000 Gulden von der offenen Parteinahme gegen den Kaiser freizukaufen. Diesmal aber kam Nürnberg nicht so leicht davon. Im Windschatten des Fürstenaufstands suchte Markgraf Albrecht Alkibiades von Kulmbach/Bayreuth seine Nachbarn zu unterwerfen und seinen Traum eines eigenen Herzogtums Franken zu verwirklichen. Vorgeblich im Namen des Fürstenbundes zog er mit Heeresmacht vor Nürnberg und begann die Beschießung der Stadt. Über einen Monat verheerte er das Nürnberger Landgebiet mit Sengen und Morden; mit immensen Zahlungen mussten sich die Bischöfe von Bamberg und Würzburg von seinen Raubzügen freikaufen. Erst als auch Nürnberg 200.000 Gulden »Entschädigung« zahlte, zog der Markgraf an den Rhein, um auch dort die Bistümer zu plündern.

Die Ruhe währte nur kurz. Kaum hatte der Passauer Vertrag (2. 8. 1552) den Fürstenaufstand beendet und der Kaiser die von Albrecht Alkibiades erzwungenen Verträge kassiert, kehrte dieser nach Franken zurück. Wieder raste die Kriegsfurie über das Nürnberger Landgebiet und die Bistümer, jetzt aber auch durch die Länder des Markgrafen, die Nürnberg und seine Verbündeten verheerten. Immer mehr Fürsten stellten sich gegen den geächteten Markgrafen. Nach schweren Niederlagen musste Albrecht Alkibiades im Juni 1554 für immer aus Franken weichen.

Nürnberg hatte seine Unabhängigkeit behauptet. Aber sein Landgebiet war verwüstet, und es sollte Jahre dauern, bis die Schäden behoben waren. Nürnbergs Schulden aber hatten sich von 453.000 auf 4,5 Millionen Gulden verzehnfacht und konnten bis zum Beginn des Dreißigjährigen Krieges nicht ganz wieder abgetragen werden.

Wirtschaft und Gesellschaft im Wandel

Die zweite Hälfte des 16. Jahrhunderts war eine Zeit der Krisen. Nicht nur hatte der Markgrafenkrieg das Nürnberger Landgebiet in Trümmer gelegt und die Reichsstadt in enorme Schulden gestürzt, auch das allgemeine wirtschaftliche Umfeld wurde zusehends negativer. Die Klimaverschlechterung der »kleinen Eiszeit«, die damals einen neuen Höhepunkt erreichte, führte zu immer häufigeren Missernten und Teuerungen; ein spürbares Sinken des Lebensstandards war die Folge. Die Verdrängung der deutschen Kaufleute aus dem Handel der spanischen und portugiesischen Kolonialreiche, der Zusammenbruch des internationalen Kapitalmarkts durch die französischen und spanischen Staatsbankrotte 1556 und 1559/1575 sowie der Verlust des Handelsplatzes Antwerpen durch die spanische Eroberung 1567 trafen den Nürnberger Handel schwer und trugen dazu bei, dass sich das Patriziat zunehmend aus der Kaufmannschaft zurückzog; stattdessen widmete es sich hinfort standesgemäß der Verwaltung seiner Landgüter, einer Ratskarriere in seiner Vaterstadt oder dem militärischen und zivilen Fürsten- und Kaiserdienst. Die nach den Zerstörungen des Markgrafenkriegs in nahezu einheitlichem Renaissancestil wiederaufgebauten Herrensitze des Nürnberger Umlands sind eindrucksvolle Zeugnisse der »Feudalisierung« des Nürnberger Patriziats.

Die Verschlechterung der Lebensbedingungen führte zu gesellschaftlicher Verhärtung und Ausgrenzung; auf allen Ebenen schlossen sich die sozialen Gruppen voneinander ab. 1560/61 erließ der Rat eine neue Ordnung der Herrentrink-

Das Fembohaus, errichtet 1591–1596 von dem niederländischen Kaufmann und Religionsflüchtling Philipp van Oyrl und heute Sitz des Stadtmuseums, zeigt den Reichtum der auswärtigen Kaufleute im Nürnberg des späten 16. Jahrhunderts. – Fotografie von 2015.

stube, der exklusiven Begegnungsstätte der höheren Stände, und seit 1562 immer neue Kleiderordnungen, die die unteren Schichten auch sichtbar auf ihre Plätze verwiesen. Parallel hierzu forderten die Handwerker immer drängender den Schutz ihres jeweiligen Handwerks durch Handwerksordnungen, und immer häufiger war der Rat bereit, ihren Wünschen nachzugeben; als 1629 das Gewerberecht eine Neuredaktion erfuhr, wurden schon geringe Handwerke zu geschworenen Handwerken erklärt. Von der Suche nach Sündenböcken, die im 16./17. Jahrhundert im ganzen Reich und darüber hinaus zu einem Höhepunkt der Hexenprozesse führte, wurde Nürnberg dagegen nur spät und nur am Rande erfasst. Hexenprozesse (die hier auch mit Freispruch enden konnten) und erst recht die Hinrichtung von Hexen blieben Einzelfälle, Hexenjagden mit hunderten von Opfern, wie sie das benachbarte Hochstift Bamberg erschütterten, blieben in Nürnberg unbekannt.

Trotz aller Krisensymptome konnte Nürnberg seine wirtschaftliche Stellung halten und an Einwohnerzahl sogar noch wachsen. Dank seines hochdifferenzierten Gewerbes war seine Wirtschaft weniger krisenanfällig als diejenige anderer, spezialisierterer Exportstädte. Neben den Handel mit Metallwaren trat als zweiter Schwerpunkt der Handel mit Tuchen und Leinen, die in Mittel- und Ostdeutschland hergestellt, in Nürnberg gefärbt und nach Süd- oder Westeuropa weiterverkauft wurden; durch die neue, kollektive Verlagsform des Zunftverlags gerieten die Zünfte ganzer Städte Böhmens, Schlesiens und der Lausitz in Abhängigkeit von Nürnberger Firmen. An die Stelle der patrizischen Handelsgesellschaften traten seit der Mitte des 16. Jahrhunderts bürgerliche, neben die aus Nürnberg selbst stammenden Unternehmen in großer Zahl niederländische und italienische, aber auch solche von Exulanten aus Österreich und den fränkischen Hochstiften.

Diese drei Gruppen übertrafen in der ersten Hälfte des 17. Jahrhunderts den Umsatz der einheimischen Häuser bei weitem. Nicht weniger als 27 damals neu erbaute prachtvolle Stadthäuser, von denen heute nur noch das Fembohaus ganz, das Pellerhaus (1602–1605) in Teilen erhalten ist, bezeugen den fortdauernden Reichtum der bürgerlichen Kaufmannsschicht.

DER GROSSKAUFMANN BARTOLOMEO VIATIS

Ein Sonderfall, aber zugleich bezeichnend für das Nürnberg des späten 16. Jahrhunderts ist das Leben des damals vielleicht reichsten Mannes Deutschlands, des Nürnbergers venezianischer Herkunft Bartolomeo Viatis.

Der 1538 geborene Sohn eines Krämers in Venedig wurde 1550 zur Ausbildung nach Nürnberg geschickt. Nach wechselnden Dienstverhältnissen heiratete er 1569 die Witwe seines letzten Arbeitgebers und übernahm dessen Anteil einer in Gesellschaft geführten Gewandschneiderhandlung mit Filiale in Breslau. Noch im gleichen Jahr nahm er das Nürnberger Bürgerrecht an, wurde 1576 Genannter des Größeren Rates und 1583 Gassenhauptmann. Mit wechselnden Partnern, seit 1591 mit seinem Schwiegersohn Martin Peller, schuf er eine der umsatzstärksten Nürnberger Handelsgesellschaften mit Schwerpunkt im mittel- und ostdeutschen Leinwandverlag und -handel, den er auf andere Stoffe, Spezereien, Metallwaren, Waffen, Ochsen und Kreditgeschäfte ausweitete; Absatzgebiete waren Hamburg und Venedig. Aus seinen Gewinnen finanzierte er die Umgestaltung des 1569 gekauften »Viatishauses« an der Pegnitz und kaufte 1589 den Herrensitz Schoppershof.

Bartolomeo Viatis starb 1624. Die Handlung wurde von seinem Schwiegersohn Martin Peller fortgeführt und bestand, zuletzt unter fremder Leitung, bis 1729.

BIOGRAFIE

Auch institutionell passte sich die Reichsstadt den Erfordernissen der neuen Zeit an. Dem europaweiten Übergang vom Messe- zum Börsenhandel trug der Rat 1560 durch Einführung eines geregelten Börsenbetriebs Rechnung. Der Rückzug des Patriziats aus der Wirtschaft wurde ausgeglichen durch das 1566 gegründete Kollegium der Marktvorgeher, durch das die zunehmend bürgerliche Kaufmannschaft – unter strikter Kontrolle des Rates – eine Interessenvertretung und begrenzte Selbstverwaltungsbefugnisse erhielt.

Auch der Rat selbst trug zur Bewältigung der Krisen bei. Durch die Errichtung mächtiger Getreidespeicher – noch heute als Kaiserstallung, Mauthalle und Unschlitthaus Sehenswürdigkeiten Nürnbergs – und die Ausgabe von »Herrenbrot« gelang es ihm, die sozialen Folgen der Teuerungen abzumildern. Die runde Ummantelung der vier bislang eckigen Tortürme, die sich im Markgrafenkrieg als zu schwach erwiesen hatten, passte die Nürnberger Stadtverteidigung der modernen Artillerie an. Hierdurch sowie durch weitere öffentliche Bauten – das Baumeisterhaus, den Wolfschen Rathausbau und, schon während des Dreißigjährigen Krieges, das nicht erhalten gebliebene »Tagkomödienhaus« als erster kommunaler Theaterbau Deutschlands – erhielt Nürnberg in diesen Jahren das Aussehen, das ihm noch heute sein Gesicht gibt. Diese rege Bautätigkeit erscheint umso bemerkenswerter, als es dem Rat zugleich – trotz steigender Steueranforderungen des Kaisers – gelang, die Schulden aus dem Zweiten Markgrafenkrieg von 4,5 Millionen Gulden auf 1,8 Millionen Gulden zu senken.

Dreißig Jahre Kriegsnot

Der Augsburger Religionsfrieden hatte Deutschland ein halbes Jahrhundert konfessionellen Friedens gebracht. Mit der Wende zum neuen Jahrhundert begannen sich die Fronten wieder zu verhärten. Immer schwerer fiel es dem Rat, seine Treue zum Protestantismus mit seiner Treue zum immer unduldsameren katholischen Kaiser Rudolf II. zu vereinbaren. 1609 sah Nürnberg sich gezwungen, der »Union« beizutreten, einem Schutzbündnis protestantischer Fürsten, betonte aber stets, dies sei nicht gegen den Kaiser gerichtet.

Ein Aufstand in Böhmen gegen die Rekatholisierungspolitik von Rudolfs Nachfolger Matthias (23.5.1618 Prager Fenstersturz) löste den Dreißigjährigen Krieg aus. Nürnberg blieb zunächst, so gut es ging, neutral und unterstützte beide Seiten mit Darlehen und Waffen. Nach dem Sieg des Kaisers in Böhmen verließ Nürnberg als erstes Mitglied die Union und löste damit ihren raschen Zerfall aus; mit der Erhebung der Akademie Altdorf zur Universität belohnte der Kaiser den schnellen Seitenwechsel.

Die folgenden Jahre lag Nürnberg im Machtbereich des Kaisers. Hinter ihren festen Mauern waren die Bürger sicher vor

Übergriffen fremder Truppen, das flache Land aber litt schwer unter den Durchzügen, Plünderungen und Zerstörungen der »befreundeten« Kaiserlichen, und auch Nürnbergs Handel wurde vom Krieg geschädigt. Am 6. März 1629 nutzte Kaiser Ferdinand seinen Sieg und erließ – zum Entsetzen der Protestanten – das Restitutionsedikt, den Befehl zur Rückgabe allen seit 1552 säkularisierten Kirchenbesitzes. Nürnberg sah seinen Fortbestand als protestantische Reichsstadt unmittelbar bedroht.

Als am 4. Juli 1630 Gustav Adolf mit einem kleinen schwedischen Heer in Deutschland landete, begrüßten ihn die Protestanten daher als Retter aus höchster Not. Der Rat taktierte vorsichtig; erst als sich Gustav Adolfs Vormarsch Franken näherte, schloss er sich am 23. Oktober 1631 politisch und 1632 militärisch dem Schwedenkönig an – nur unter Zwang, wie er sich eilends vor dem Kaiser rechtfertigte. Die Bevölkerung nahm keine politischen Rücksichten: Als Gustav Adolf am 31. März 1932 in Nürnberg einzog, bereitete sie ihm als dem Retter ihres Glaubens einen jubelnden Empfang.

Für Nürnberg begann die schlimmste Zeit des Krieges. Ein Vorstoß Wallensteins von Böhmen aus nach Nürnberg zwang Gustav Adolf, seinen Vormarsch in Bayern abzubrechen und nach Nürnberg zurückzukehren. Über drei Monate lagen sich beide Heere, zusammen 84.000 Mann, in ihren befestigten Lagern gegenüber und verheerten das Umland durch ihre Streifscharen. Ein Angriff der Schweden auf Wallensteins Lager an der Alten Veste bei Zirndorf scheiterte mit schweren Verlusten. Nahrungsmangel zwang beide Heere zum Abzug nach Sachsen, wo Gustav Adolf am 6. November 1632 in der Schlacht bei Lützen fiel. Für Nürnberg brachte der Abzug keine Besserung. Von Forchheim und dem Rothenberg aus verwüsteten kaiserliche Garnisonen das Umland und erpressten schwere Kontributionen von der schutzlosen Landbevölkerung; in der mit Flüchtlingen und Soldaten überfüllten Stadt brachen Seuchen aus und rafften Zehntausende hin. 1634 eroberten die Kaiserlichen ganz Süddeutschland; mit einer kleinen schwedischen Garnison blieb Nürnberg isoliert als protestantische Insel im kaiserlichen Machtbereich zurück. Die Lage war hoffnungslos. Da brachte der Prager Friede 1635 die Rettung, und wie fast alle evangelischen Reichsstände kehrte Nürnberg zur gewohnten Kaisertreue zurück. Der Krieg des wieder geeinten Reichs gegen Schweden und Frankreich verlagerte sich nach Nord- und Westdeutschland, bis Franken seit 1640 abermals Kriegsgebiet wurde. Erst der Westfälische Friede 1648 beendete den Krieg.

Aber die glanzvollste Stunde Nürnbergs sollte erst noch kommen. Zum Entsetzen des Rats, der die hohen Kosten fürchtete, trafen sich die Vertragsparteien von April 1649 bis Juni 1650 ein zweites Mal in Nürnberg, um auf dem »Friedensexekutionskongress« über noch ungeklärte Einzelfragen und Ausführungsbestimmungen des Westfälischen Friedens zu verhandeln. Ein letztes Mal stand Nürnberg im Zentrum der europäischen Politik, wenn auch nur als Gastgeber. Mit dem »Interimsexekutionsrezess« von 1649 und dem »Friedensexekutionshauptrezess« von 1650 fand der Dreißigjährige Krieg in Nürnberg seinen endgültigen Abschluss. Beide Verträge boten Anlass zu prachtvollen Feiern, die als Höhepunkte barocker Festkultur in ganz Europa Beachtung fanden.

Das Friedensmahl im Großen Rathaussaal am 25.9.1649 gilt als ein Höhepunkt barocker Festkultur. – Stich von Joachim von Sandrart, um 1650 (StadtAN A 7/II Nr. 122).

Nürnbergs silbernes Zeitalter

Von Pegnitzschäfern und Hesperiden

Mitten im Krieg und vielleicht gerade als Reaktion auf diesen begann eine neue kulturelle Blütezeit Nürnbergs, sein silbernes Zeitalter, das noch Jahrzehnte anhalten sollte.

Nach dem Vorbild anderer barocker Sprachgesellschaften entstand 1644 der »Pegnesische Blumenorden« mit dem erklärten Ziel, nach den Verheerungen des Dreißigjährigen Krieges zum kulturellen und moralischen Wiederaufbau Deutschlands beizutragen. Zusammen mit anderen, nicht dem Orden angehörenden Dichtern, oft Kriegsflüchtlingen oder Exulanten aus den habsburgischen Erbländern, machte der Pegnesische Blumenorden Nürnberg auf Jahrzehnte hinaus zu einem Zentrum der deutschen Barockliteratur.

HINTERGRUND

DER PEGNESISCHE BLUMENORDEN

Eine Doppelhochzeit im Nürnberger Patriziat wurde 1644 zum Anlass für die Gründung des Pegnesischen Blumenordens, einer Sprach- und Literaturgesellschaft um den Patrizier und Ratsherrn Georg Philipp Harsdörffer, den Kriegsflüchtling Johann Klaj und den Exulanten Siegmund Birken. Unter dem Motto »Mit Nutzen erfreuen« setzte sie sich zum Ziel, die darniederliegende deutsche Sprache und Kultur auf die Höhe Frankreichs, Spaniens und Italiens zu heben. Klangmalerei und Bildhaftigkeit, bald Markenzeichen der Dichtung der »Pegnitzschäfer«, erwiesen die Gleichrangigkeit der deutschen Sprache, Übersetzungen machten neue Stoffe und Gattungen bekannt, eine umfangreiche Lehrdichtung vermittelte Weltkenntnis und Kulturtechniken, Experimente und Gattungsmischungen wiesen den Künsten neue Wege. Zunächst im »Poetenwäldchen« an der Pegnitz, seit 1676 in einem eigenen »Irrhain« bei Kraftshof trafen sich die Mitglieder zu ihren Veranstaltungen. Im Gegensatz zu allen anderen Sprachgesellschaften des Barock ist der Pegnesische Blumenorden als jetzt älteste literarische Gesellschaft der Welt noch heute aktiv.

Entscheidende Impulse für das kulturelle Leben Nürnbergs gingen vom Friedensexekutionskongress aus, der 1649/50 in der Reichsstadt tagte. Maler, Dichter, Komponisten, Musiker, Goldschmiede und andere Künstler fanden in den in Nürnberg versammelten Diplomaten ein anspruchsvolles und zahlungskräftiges Publikum, das zahlreiche Künstler in die Stadt zog. Nicht zuletzt durch auswärtige »Virtuosen«, denen der Rat eine Sonderstellung außerhalb der Malerordnung einräumte, und durch die 1662 privat gegründete, 1699 vom Rat übernommene Malerakademie wurde Nürnberg für Jahrzehnte zu einem Zentrum der Barockmalerei. Noch länger währte die Blüte von Kupferstich und Druckgraphik, die nicht zuletzt durch die reich illustrierten Werke der Pegnitzschäfer angeregt wurden und in der Illustration naturkundlicher Werke Altdorfer Professoren ein fruchtbares Spezialgebiet fanden. In den Blumen- und Insektenbüchern der Maria Sibylla Merian fand diese Synthese aus Malerei, Buchkunst und Naturwissenschaft ihren vollendeten Ausdruck.

Auch die Nürnberger Musikkunst erreichte noch in den letzten Jahren des Dreißigjährigen Krieges einen neuen Höhepunkt. 1644 wurde die erste erhaltene deutsche Oper »Seelewig« von Harsdörffer und Siegmund Theophil Staden hier aufgeführt. Obwohl gerade im Barock Fürstenhöfe bessere Arbeitsbedingungen für Komponisten boten, konnte Nürnberg mit Johann Erasmus Kindermann, Johann Pachelbel und Gabriel Schütz drei bedeutende Komponisten für sich gewinnen. Als ein Zentrum der Musikinstrumentenherstellung, des Notendrucks und Musikalienhandels behielt Nürnberg eine wichtige Stellung bis weit ins 18. Jahrhundert hinein.

Eher schwach war dagegen die barocke Baukunst in Nürnberg vertreten; über den Wiederaufbau der in den Jahren 1671 bzw. 1696 abgebrannten Egidien- und Barfüßerkirche und die äußerliche Barockisierung einiger anderer Kirchen kam sie kaum hinaus. Eine überraschende Sonderblüte erlebte jedoch die Nürnberger Gartenbaukunst. Die nach niederländischen und italienischen Vorbildern gestalteten Barockgärten der Nürnberger Oberschicht erhielten durch das 1708 von Johann Christoph Volkamer herausgegebene, reich illustrierte Lehr-

Dr. C.M. Fetzers Garten aus Johann Christoph Volkamers »Nürnbergische Hesperiden«. – Kolorierter Kupferstich, 1708 (StadtAN A 7/II Nr. 251).

buch der Gartenkunst »Nürnbergische Hesperiden« nicht nur ihren Namen, sondern wurden weit über Nürnberg hinaus bekannt. Im Stadtteil St. Johannis vermitteln mehrere nach den alten Prinzipien neu gestaltete »Hesperidengärten« noch heute eine anschauliche Vorstellung der barocken Nürnberger Gartenkultur.

Begleitet wurde die Kulturblüte von einer zielbewussten Reform des Nürnberger Bildungswesens, gerichtet auf zwei Ziele: den moralischen Wiederaufbau der vom Krieg zerrütteten Gesellschaft und die Vermittlung praktischer Fähigkeiten zur Meisterung der neuartigen Anforderungen. Unter der Lei-

BIOGRAFIE

JOHANN MICHAEL DILHERR (1604–1669)

Als Johann Michael Dilherr, Professor in Jena, 1642 durch die Kriegsereignisse vertrieben wurde, zögerte der Rat nicht, ihn für Nürnberg in Dienst zu nehmen. Als Professor am Auditorium Publicum, Direktor des Egidiengymnasiums, Inspektor der Schulen und Stipendien, Prediger und Leiter der Kirchenverwaltung wurde Dilherr zum maßgeblichen Gestalter des Nürnberger Bildungswesens nach dem Dreißigjährigen Krieg. Durch organisatorische Maßnahmen, aber auch eigene Predigten, Dichtungen und publikumswirksame Aufführungen (oft in Zusammenarbeit mit dem Pegnesischen Blumenorden) bemühte er sich um Hebung des geistigen und sittlichen Lebens der Reichsstadt, die durch den Krieg in tiefen Verfall geraten waren. Nicht dogmatische Rechthaberei, sondern sittlich begründetes praktisches Handeln waren die Leitlinien seines Christentums. Damit nahm er Positionen des Pietismus und der Aufklärung vorweg und machte Nürnberg zu einem Zentrum der kirchlichen Reformbewegung Süddeutschlands.

Trotz ehrenvollster Berufungen an auswärtige Stellen blieb Dilherr bis an sein Lebensende in Nürnberg.

tung Johann Michael Dilherrs wurden Missstände des akademischen Lebens an der Universität Altdorf beseitigt und die Aus- und Fortbildung der Pfarrer verbessert; seine Bemühungen um eine stärkere Sonntagsheiligung blieben jedoch vergeblich. Seit 1699 entstanden unter pietistischem Einfluss aus privaten Stiftungen mehrere Armenschulen und Stipendienstiftungen, die auch armen Kindern einen Schulbesuch ermöglichten.

Neben den moralischen Wiederaufbau trat mit dem Predigerseminar (1666), dem Anatomischen Theater (1668), der Übernahme der Malerakademie als städtische Anstalt 1699 und mit der 1716 an sie angegliederten kostenfreien Zeichenschule für Handwerkslehrlinge zudem die Vermittlung praktischer Fertigkeiten, und auch die Universität Altdorf war mit ihrer stark naturwissenschaftlichen Ausrichtung und der Einführung des Experiments in den akademischen Unterricht auf die Praxis orientiert.

Neuanfang mit Hindernissen

Als die Friedensschlüsse von Münster, Osnabrück und Nürnberg den Dreißigjährigen Krieg endlich beendet hatten, sah sich Nürnberg einer grundlegend gewandelten Lage gegenüber. Politisch war die Reichsstadt glimpflich davongekommen. Die rechtliche Stellung der Reichsstädte wie auch ihr Konfessionsstand waren gesichert, und Nürnberg hatte sein Landgebiet im Wesentlichen gewahrt. Nicht gelöst waren die alten Streitigkeiten mit den Nachbarn, insbesondere mit den Markgrafen von Ansbach und Bayreuth. Zwar war die Zeit der großen Kriege vorbei, umso mehr äußerte sich ihre Abneigung jetzt aber in kleinen Nadelstichen und größeren Übergriffen. Vor allem die Bevölkerung des Landgebiets hatte hierunter zu leiden, aber 1711 wurde selbst einer der Sieben Älteren Herren auf dem Weg nach Nürnberg grundlos von markgräflichen Husaren verschleppt und wochenlang eingesperrt.

HINTERGRUND ////

GEORG WILHELMS HASENJAGD

Ein Beispiel für die Nadelstiche der Markgrafen gegen die Reichsstadt ist die Hasenjagd Markgraf Georg Wilhelms von Bayreuth (reg. 1712–1726). Um den Nürnbergern sein Jagdrecht bis an die Stadtmauern zu demonstrieren, überrumpelte er in der Nacht vom 26. zum 27. Juli 1717 mit 400 Soldaten die wenigen Wachtposten auf der Landwehr und ließ in Säcken mitgebrachte Hasen frei, um sie dann – ohne Rücksicht auf Felder und Gärten – mit seinen Kavalieren nach Herzenslust zu jagen. Dem Rat blieb nichts als die Beschwerde beim Kaiser, der den Markgrafen zu Schadensersatz und einer Strafe für Landfriedensbruch verurteilte.

Nürnbergs Bevölkerung hatte schwere Verluste erlitten. Das Landgebiet hatte 40–50% seiner Einwohner verloren, doch gelang es dort nicht zuletzt durch die Zuwanderung österreichischer Exulanten, die fehlende Bevölkerung in erstaunlich kurzer Zeit wieder zu ersetzen. Schwierig zu ermitteln sind die Bevölkerungsverluste der Stadt selbst. Allein 1632–1634 waren 35.661 Menschen den Seuchen zum Opfer gefallen, viele von ihnen waren aber keine Einwohner, sondern Soldaten und

Flüchtlinge. Entscheidend blieb, dass die Zuwanderung zur Stadt versiegte. Nürnbergs Bevölkerungszahl stagnierte und ging langsam weiter zurück.

Die Wirtschaft stand vor einer völlig neuen Lage. Die Vorherrschaft des Nürnberger Kapitals in vielen Erzeugergebieten war im Krieg zugrunde gegangen. In Nürnberg und außerhalb war die Bevölkerung geschrumpft und verarmt, die Nachfrage eingebrochen. Das Nürnberger Gewerbe reagierte durch kleinere Betriebe und den Übergang zur Produktion billiger Massenware; nur in wenigen Spezialbereichen (Landkarten, Buchdruck, Musikinstrumente) konnte Nürnberger Qualitätsware ihre Stellung behaupten. Langfristig verhängnisvoll wurde aber die neue Wirtschaftsordnung, die dem Dreißigjährigen Krieg folgte: der Merkantilismus, das Streben der größeren Staaten und Territorien, sich im Interesse einer aktiven Zahlungsbilanz als geschlossene Wirtschaftsräume abzuschotten, Importe zu erschweren und eigene Exportgewerbe aufzubauen. Die vielen Kriege gegen Frankreich, aber auch in Osteuropa verschärften mit ihren Wirtschaftssperren die Schwierigkeiten für Handel und Export. Noch stand der Merkantilismus erst in seinen Anfängen und auch die Kriege begünstigten die Rüstungsgewerbe, was Nürnberg im späten 17. Jahrhundert eine einzigartige Sonderkonjunktur ermöglichte. Langfristig aber wurden Handwerk und Handel Nürnbergs, beide angewiesen auf den Export, langsam, aber immer stärker eingeengt.

Nürnbergs Staatshaushalt war durch den Krieg ruiniert: Von 1,8 Millionen Gulden 1618 waren die Schulden bis 1648 auf 7,5 Millionen Gulden explodiert. Zwar gelang dank dem verbliebenen Reichtum und der Opferbereitschaft der Bürger, die den größten Teil der Anleihen hielten, 1660 eine freiwillige Schuldenreduktion auf 3,2 Millionen Gulden, aber alle Bemühungen wurden zunichte gemacht durch die steigenden Forderungen des Reiches. Seit 1672 unterhielt der Fränkische Reichskreis ein eigenes stehendes Heer, zu dem Nürnberg ein eigenes Kontingent beisteuern musste. Zu immer neuen Kriegen musste die Reichsstadt mit Geld und Truppen ihren Beitrag leisten, auch wenn sie selbst nicht direkt betroffen war.

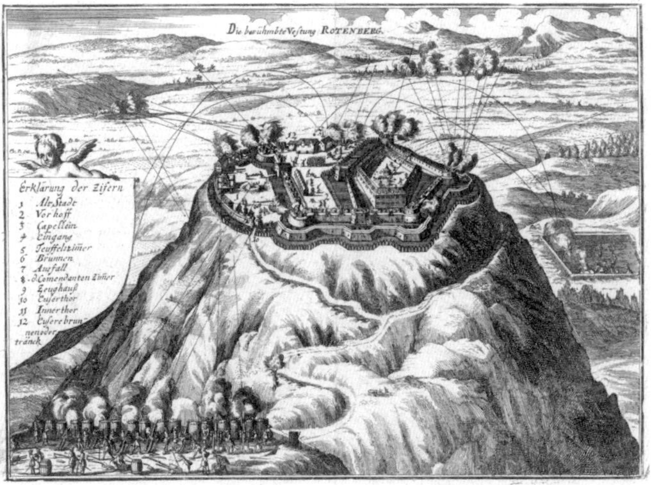

Eroberung der bayerischen Festung Rothenberg durch fränkische Kreistruppen im Spanischen Erbfolgekrieg 1703. – Kupferstich, Anfang 18. Jahrhundert (StadtAN B 11 Nr. 621).

Besonders schwer traf Nürnberg der Spanische Erbfolgekrieg (1701–1714), da Bayern mit Frankreich verbündet war und die Reichsstadt unmittelbar bedrohte. Nach schweren Kämpfen gelang die Eroberung der Festung Rothenberg, des bayerischen Pfahls im Fleisch der Nürnberger Landschaft. Aber mit dem Frieden musste Nürnberg den Rothenberg zurückgeben und blieb auf seinen Kosten sitzen.

Streit um Rang und Titel

Die Zeit des Barock gilt als die Zeit der Titelsucht und Rangstreitigkeiten, und auch der Nürnberger Rat verwandte große Mühe und Kosten auf solche Fragen. So bizarr sie manchmal anmuten: In ihnen spiegelt sich gesellschaftlicher Wandel.

In keiner anderen Reichsstadt Deutschlands hatte sich das Patriziat so rigoros von der übrigen Gesellschaft abgesondert wie in Nürnberg, war seine Feudalisierung so weit fortgeschritten. Jetzt endlich war der Rat erfolgreich in seinem Bemühen, die lange erstrebte Gleichstellung des Patriziats mit dem Landadel zu erreichen. In drei Privilegien 1696, 1697 und 1721 bestätigte der Kaiser dem Nürnberger Patriziat seinen alten Adel und das Kooptationsrecht, d. h. das Recht, neue Mitglieder in seine Reihen aufzunehmen, und stellte es faktisch einem Kanton der Reichsritterschaft gleich. Als einziges Patriziat einer deutschen Reichsstadt konnten Nürnberger Patrizier in die Ritterschaft eintreten, ohne ihr Bürgerrecht aufgeben zu müssen. Manche Familien wie die Rieter, Welser und Geuder gingen noch weiter, sie kündigten der Stadt und ihren Standesgenossen die Solidarität auf und versuchten, eigene Wege zu gehen, ihre Herrensitze und Güter aus dem Nürnberger Gebiet zu lösen und als Mitglieder der fränkischen Reichsritterschaft quasi-selbstständige Territorien aufzubauen. Gegen solche Auflösungstendenzen aus den eigenen Reihen suchte der Rat die Interessen der Reichsstadt zu bewahren.

BIOGRAFIE

Die Schürstab-Affäre

1668 war das Patriziergeschlecht der Schürstab ausgestorben. 1685 erhoben plötzlich zwei Handwerker, Ambrosius und Johann Georg Schürstab, als Abkömmlinge einer seit langem verarmten Nebenlinie Anspruch auf Stand und Familienstiftung der Patrizierfamilie und einen Sitz im Rat. Vehement wehrte sich der Rat unter Berufung auf sein freies Kooptationsrecht, und mehrmals gab der Reichshofrat ihm Recht, aber 1701 erhielten die Schürstab kraft kaiserlichen Gnadenrechts das gewünschte Patriziatsdiplom.

Durch gezielte Untätigkeit konnte der Rat die Umsetzung für Jahrzehnte verschleppen. Aber als er 1729 sechs neue Familien ins Patriziat kooptierte, wurde auch Johann Georgs Sohn Georg Wolfgang Schürstab wieder aktiv und verlangte die Ausführung der Entscheidung von 1701. Wieder wehrte sich der Rat, aber der Kaiser bestand auf Befolgung des Befehls, und der Rat musste Schürstab ins Patriziat aufnehmen. Einen Ratssitz verweigerte er unter Berufung auf das Recht zur freien Ratswahl.

Die Affäre ging für den Rat glimpflich aus: 1743 starb Georg Wolfgang Schürstab ohne männliche Nachkommen.

Auf der anderen Seite waren viele reiche Bürger nicht mehr bereit, ihre Zurücksetzung durch die Nürnberger Ständeordnung länger hinzunehmen, und versuchten, diese durch kaiserliche Adelsbriefe oder Residentendiplome fremder Fürsten zu unterlaufen und so den Aufstieg in einen höheren Rang zu erzwingen. Verhindern konnte der Rat die fremden Standeserhöhungen nicht, wohl aber gelang es ihm in zahlreichen Prozessen am Reichshofrat, ihre Bedeutung für Nürnberg einzuschränken. Ironischerweise war sein Hauptargument – nicht der Adelstitel sei entscheidend, sondern adelige Lebensweise – das gleiche, das jahrhundertelang der Landadel gegen das handeltreibende Nürnberger Patriziat selbst vorgebracht hatte. Das Patriziat hatte die Seiten gewechselt, aus einer städtischen Wirtschaftselite war es zu einer feudalen Kaste geworden.

Aber immer weniger waren die Patrizier in der Lage, ihren Anspruch auf Exklusivität aufrechtzuerhalten. Das Aussterben mehrerer Familien engte ihre personellen Möglichkeiten so weit ein, das sie kaum noch alle ihnen vorbehaltenen Ratssitze und Verwaltungsstellen besetzen konnten. 1729 sah sich der Rat gezwungen, erstmals von seinem Kooptationsrecht Gebrauch zu machen und sechs neue Familien ins Patriziat aufzunehmen, und 1788 folgten drei weitere Familien nach. Bezeichnenderweise war es gerade nicht Reichtum, der für die Auswahl den Ausschlag gab, sondern die familiäre Nähe zum Patriziat, generationenlanger Staatsdienst und – keine Kaufmannschaft.

Gleich von drei Seiten her, durch den Aufstieg des Bürgertums, Eingriffe des Kaisers und Auflösungserscheinungen im Patriziat selbst, geriet die alte Ordnung unter Druck. Zunächst wurde nur um Titel gestritten, aber bald sollte es um mehr gehen: um die Macht und die Gestaltung der Gesellschaft.

Der Reichsstadt Niedergang und Ende

Die Basis bröckelt, die Lasten steigen

In den 1740er-Jahren waren die Folgen des Dreißigjährigen Krieges im größten Teil Deutschlands behoben, und ein nachhaltiges Wachstum setzte ein. Zur gleichen Zeit verfiel Nürnberg zunächst kaum merklich, dann immer sichtbarer der Stagnation. Die Ursachen waren vielfältig. Mit der wachsenden Bevölkerung gewann die Produktion der Kleinstädte und des Landgewerbes immer mehr an Bedeutung und machte, weitgehend frei von Fesseln der Handwerksordnungen, den alten Exportgewerbestädten immer mehr Konkurrenz. Gerade Nürnberg als führende Exportgewerbestadt war hiervon besonders betroffen, und gerade hier tat die konservative Wirtschaftspolitik des Rates ein Übriges, da dieser im Interesse des eigenen Machterhalts die Stärkung großgewerblicher Betriebsformen zu verhindern suchte. Nur wenige Manufakturen konnten in Nürnberg entstehen, und dies erst hundert Jahre später als in anderen Städten. Dagegen schränkte der Rat zum Schutz des darbenden Handwerks den Zugang zu den Meisterstellen ein, was viele Gesellen zwang, als »Staudenmeister« in markgräflichen Orten zu arbeiten und von hier aus der Stadt unliebsame Konkurrenz zu machen. Zudem begann die Sperrung gerade vieler Exportgewerbe, die einst ihren technischen Vorsprung schützen sollte, sich nun gegen sie zu wenden, da sie jetzt selbst vom technischen Fortschritt anderer Regionen abgeschnitten waren. Die Einfuhr der billigeren Ware aber wurde den Kaufleuten zum Schutz des Handwerks erschwert. Die reformierten Hugenotten wurden auf Druck der lutherischen Geistlichkeit nicht in Nürnberg aufgenommen; sie ließen sich daraufhin in Erlangen und Schwabach nieder. Schließlich führten immer mehr große Territorialstaaten neue Schutzzölle ein (Österreich 1728, 1749, 1764, Bayern 1748, 1760, Preußen 1749), die den Nürnberger Export- und Transithandel zunehmend strangulierten.

Während Nürnberg so wirtschaftlich gegenüber seinen Nachbarn immer mehr in Rückstand geriet, blieb sein Anteil an den Steuern des Fränkischen Reichskreises, festgelegt 1521 auf dem Höhepunkt von Nürnbergs Blütezeit, fast unverändert. Immer absurder wurde das Missverhältnis – Nürnberg allein zahlte mehr Steuern als die Markgraftümer Ansbach und Bayreuth zusammen –, aber jede Bitte um eine Anpassung der Verteilung wurde von den begünstigten Mitständen abgelehnt. Dem Rat blieb nichts übrig, als den Druck weiterzugeben, und auf die Ungerechtigkeit des Kreises setzte er die eigene obendrauf: Während ein Patrizier für sein Landgut im Wert von 10.000 Gulden nur 62 ½ Gulden Steuern zahlen musste, zahlte ein Kaufmann für gleichgroßes Kapitalvermögen 261 $^{2}/_{3}$ Gulden. So war es gerade die wirtschaftlich produktivste Schicht, die steuerlich überlastet wurde. Eine 1730 von den kaufmännischen Mitgliedern des Genanntenkollegiums angestrengte Untersuchung des Finanzgebarens des Rates durch eine kaiserliche Hofkommission endete 1754 ergebnislos.

Verheerend wirkten sich die zahlreichen Kabinettskriege des 18. Jahrhunderts auf den Nürnberger Staatshaushalt aus. Zweimal entsandte Friedrich der Große im Siebenjährigen Krieg preußische Streifscharen vor Nürnberg; der kaisertreue Rat, in Angst vor der eigenen »fritzisch« gesinnten Einwohnerschaft, wagte keinen Widerstand und erkaufte ihren Abzug mit hohen Kontributionen – was der Kaiser mit hohen Strafzahlungen wegen Unterstützung des Feindes ahndete. Immer weniger gelang es, die wachsenden Kriegsschulden im Frieden wieder abzubauen; seit 1770 kannte der Schuldenstand nur noch die Richtung aufwärts.

Trotz der wachsenden Probleme war Nürnberg noch immer die größte Gewerbestadt zwischen Frankfurt und Wien, stand der zunehmenden öffentlichen Armut ein beträchtlicher privater Reichtum gegenüber, und der Großteil der Nürnberger Staatsschuld befand sich in den Händen der eigenen Bürger. Der Staat und breite Volksschichten verarmten, die Kaufmannschaft wurde behindert und überlastet, während die herrschenden Patrizier zäh an ihren Privilegien festhielten und das übrige Deutschland einen nachhaltigen Aufschwung erlebte. Nürnberg spielte noch immer eine beachtliche Rolle in Deutschlands Wirtschafts- und Geistesleben, fiel aber immer mehr zurück.

ZEITZEUGEN

STIMMEN ÜBER NÜRNBERG IM 18. JAHRHUNDERT

Diese Stadt ist zweymal so groß als Frankfurt, und die Handlung machet sie reich und wohl bevölkert. (J. de Blainville, 1705)

... dannenhero das Sprüchwort gar füglich statt findet: Nürnberger Hand, geht durch alle Land, ... so gar, daß man auch in Africa und America Nürnberger Waaren, als: Messer, Spiegel, Schellen, und dergleichen, finden wird, und fast ohne dieselben keinen profitablen Handel mit den Schwartzen und wilden Leuten treffen kann. (C. G. Ludovici, 1742)

Ein Geist von Gewerbefleiß und Zufriedenheit durchdringt das Ganze, obschon ohne Glanz. (D. Hume, 1748)

In der Tat ist (Frankfurt am Main) in dem südlichen Theile Deutschlands die einzige Reichsstadt, an welcher man keinen Verfall gewahr wird. Nürnberg ist stark gefallen, und auch in Augsburg fängt man an, den Verfall gewahr zu werden. Ulm fängt an, ein unbedeutender Ort zu seyn; und die kleinen Reichsstädte in Franken und Schwaben sind nichts mehr. (J. G. Sulzer 1775/80)

Solange diese Stadt allein im Besitz vieler Erfindungen war: hat sie geblüht. Seitdem manche Sachen gar nicht mehr nötig sind ... und seitdem viele Künste, die Nürnberg sonst ausschließlich besaß, ... nach andern Städten gebracht worden sind: seitdem hat der Verfall dieser Stadt angefangen. ... Man vergleiche einmal die Eisen- und Messing-Arbeiter zu Birmingham mit denen zu Nürnberg; der Kontrast ist auffallend. Nürnbergische Patrioten sollten auf diesen Fehler Acht haben und ihn zu bessern suchen. Sonst, wenn andere Länder immer weiter gehen, und diese Stadt immer mehr zurückbleibt, muss sie notwendig noch mehr verfallen.

(Chr. F. Nicolai, 1781/88)

... eine traurige Stadt, die immer mehr zerfällt ...

(J. C. Riesbeck, 1783)

Bürgerzwist um Geld und Macht

Seit 1785 beschleunigte sich die Entwicklung dramatisch. Erstmals konnte die Reichsstadt die Zinsen ihrer Staatsanleihen nicht mehr bedienen. Um den drohenden Bankrott abzuwenden, erhob der Rat eigenmächtig eine Sondersteuer, ohne das Genanntenkollegium zu befragen. Dieses reagierte mit scharfem Protest und einer Beschwerde in Wien. Wieder stellten sich Kaiser und Reichshofrat hinter den Rat, aber jetzt war der Streit öffentlich geworden. Reichsweit erhob sich Kritik am Finanzgebaren des Rates, und verschreckte Gläubiger begannen, ihr Kapital aus Nürnberg abzuziehen. Um neue Kredite zu erhalten, musste der Rat nachgeben und ein gemischt besetztes »Ökonomieverbesserungs- und Rechnungsrevisionskollegium« zur Kontrolle seiner Finanzen akzeptieren. Der Streit um die Finanzen und der Einfluss der Französischen Revolution radikalisierten große Teile der Bevölkerung. Während viele Großkaufleute und Akademiker offen mit der Französischen Revolution sympathisierten, riefen handgeschriebene Flugblätter aus Handwerkerkreisen zum gewaltsamen Aufstand auf.

HINTERGRUND

OBSTVERKAUF UND EIERKUCHENAUFSTAND

Politische Unruhe und Teuerung – eine brisante Mischung! Das Vorbild der Französischen Revolution steigerte die Bereitschaft unzufriedener Bevölkerungsschichten, ihre jeweiligen Interessen auch gewaltsam durchzusetzen. Nach Preissteigerungen bei Obst und Gemüse besetzten aufgebrachte Rot-, Ahlen- und Zirkelschmiedgesellen am 19. Dezember 1793 den Obstmarkt und zwangen die Bauern, ihre Waren billiger zu verkaufen. Am nächsten Tag blieben diese aus Protest dem Obstmarkt fern.

Missernten führten 1794/95 zu einer Teuerung bei Getreide, Brot und Bier, worauf die Schmiede – gegen die Marktordnung, die das Monopol der heimischen Bäcker und Brauer schützte – im März 1795 eigenmächtig Wagenladungen mit Lebensmitteln in die Stadt einführten. Jetzt weigerten sich die Bäcker, traditionsgemäß Eierkuchen zu backen und zu Ostern kostenlos an ihre Kunden zu verteilen. In der Nacht zum Karfreitag (3. April) stürmte die aufgebrachte Bevölkerung 26 Bäckerhäuser und misshandelte die Bäcker, bis diese am folgenden Tag wie gewohnt die Eierkuchen verschenkten. Da die Stadtkavallerie ein Vorgehen gegen die Aufrührer verweigerte, konnte erst das Bürgermilitär am Ostersonntag die Ruhe wiederherstellen.

Die Zahl der Streiks und Gesellenunruhen erreichte in Nürnberg einen Spitzenwert für ganz Deutschland.

Der wachsende Widerstand in der Bevölkerung und die Verschärfung der finanziellen Nöte zwangen den Rat zu wei-

Allegorie des Grundvertrags. – Kupferstich von Leonhard Andreas Möglich 1794 (StadtAN E 8 Nr. 4916).

teren Zugeständnissen. Am 13. 2. 1794 schlossen Rat und Genanntenkollegium den »Grundvertrag«.

Durch die Festlegung der Befugnisse von Rat, Genanntenkollegium und Ökonomieverbesserungs- und Rechnungsrevisionskollegium, die Zuteilung fester Sitzanteile auf die einzelnen Stände und die Regelung des Wahlverfahrens wurden Unabhängigkeit und Mitwirkungsrechte der bürgerlichen Opposition garantiert. Erstmals seit fast 450 Jahren war die Alleinherrschaft des Patriziats gebrochen. Die Folge war eine Spaltung der bürgerlichen Opposition, denn die Großkaufleute hatten ihre wichtigsten Ziele erreicht und lehnten eine weitergehende Demokratisierung ab. Als ein Jahr später der Eierkuchenaufstand das bürgerliche Eigentum bedrohte, war es das von Kaufleuten geführte Bürgermilitär, das ihn niederschlug.

Parallel zur politischen Radikalisierung der Bevölkerung entstanden neue Initiativen im Rahmen der bürgerlichen Gesellschaft. Am bedeutendsten wurde die 1792 gegründete »Gesellschaft zur Beförderung vaterländischer Industrie«. Beeinflusst von spätaufklärerischen Gedanken suchte sie durch Förderung des heimischen Gewerbes, durch Gründung praktisch orientierter Schulen, einer Armenküche und einer Handwerker-Unterstützungskasse die politische, soziale und wirtschaftliche Krise Nürnbergs zu überwinden. Parallel hierzu erfolgten weitere private Schul- und Vereinsgründungen ähnlicher Zielrichtung. Der Wiederaufstieg Nürnbergs im 19. Jahrhundert konnte auf diesen Grundlagen aufbauen.

Bedrohungen von außen

Aber alle Reformanstrengungen wurden zunichte gemacht durch die außenpolitischen Schläge, die Nürnberg jetzt trafen. Die Erschütterung der alten Ordnung durch die Französische Revolution und die Schwächung des Kaisers beraubten die Reichsstadt ihres letzten Rückhalts und ermunterten ihre Nachbarn, ihre Ansprüche ohne Rücksicht auf altes Reichsrecht gewaltsam durchzusetzen. Schon 1791 hatte Kurpfalzbayern große Teile der Neuen Landschaft okkupiert und alle

Steuern und selbst die privaten Abgaben an Stiftungen und Grundherren beschlagnahmt; Proteste des Rates vor Kaiser und Reich blieben erfolglos. 1796 folgte Preußen, seit 1792 Nachfolger der Markgrafen, und okkupierte das Nürnberger Umland bis an die Stadtmauern. Noch im gleichen Jahr 1796 drangen französische Revolutionstruppen in Süddeutschland ein und besetzten am 9. August Nürnberg. Die Disziplinlosigkeit der Sansculotten, ihre Übergriffe und Plünderungen bis hinauf zum Kommandanten und die schweren Kontributionen, für deren Erfüllung 18 der angesehensten Bürger als Geiseln verschleppt wurden, versetzten der Revolutionsbegeisterung der Nürnberger Bevölkerung einen starken Dämpfer. Als die Besatzer am 24. August abzogen, hatten sie Nürnberg in nur 16 Tagen einen Schaden von weit über 1 ½ Millionen Gulden gebracht.

Die französische Besetzung hatte die Hilflosigkeit der Reichsstadt wie auch die Wirkungslosigkeit des kaiserlichen Schutzes gezeigt. Um wenigstens vor dem Krieg Schutz zu finden, bot der Rat dem neutralen Preußen die freiwillige Unterwerfung Nürnbergs an. Wegen der Wichtigkeit der Frage – Nürnbergs Ende als Reichsstadt! – befragte er zudem die Bürgerschaft; mit 3261 von 3654 abgegebenen Stimmen stimmte sie dem Anschluss an Preußen zu. Am 2. September 1796 unterzeichnete der preußische Statthalter in Ansbach, Hardenberg, den »Staats-, Subjektions- und Exemtionsvertrag«, und preußisches Militär rückte mit klingendem Spiel in Nürnberg ein. Aber aus Sorge vor dem Widerstand Österreichs und Russlands schreckte König Friedrich Wilhelm I. in letzter Minute zurück, und am 1. Oktober 1796 zogen die Preußen still wieder ab.

Die kaiserliche Subdelegationskommission

Wieder war Nürnberg auf sich allein gestellt, während Bayern und Preußen seine Einkünfte aus dem Landgebiet vereinnahmten, die Schulden explodierten und die teils vom Patriziat, teils von der Kaufmannschaft dominierten Behörden sich gegenseitig blockierten. Aus eigener Kraft war keine Bewe-

Philipp Ernst Gemming. – Kupferstich von Christoph Wilhelm Bock, 1798 (StadtAN A 7/I Nr. 879).

gung mehr in die verfahrene Lage zu bringen. Nach langen Verhandlungen einigten sich beide Seiten, den Kaiser um die Einsetzung einer Lokalkommission zu bitten, die vor Ort mit kaiserlicher Autorität die nötigen Reformen durchsetzen könnte. Am 9. Oktober 1797 bestimmte ein Reichshofratsbeschluss den Kurfürsten von Köln als Hoch- und Deutschmeister zum Kommissionshof, der seinerseits den Hof- und Regierungsrat Philipp Ernst Gemming zum Subdelegaten (dem mit der tatsächlichen Arbeit vor Ort Beauftragten) ernannte. Am 1. Dezember 1797 trat Gemming feierlich sein Amt an, am 7. Dezember wurden die Nürnberger Beamten ihres Eides auf den Rat entbunden und auf die Subdelegationskommission vereidigt. Dem Rat blieb nur noch die Außenpolitik.

Die Reichsstadt unter Vormundschaft

Mit großen Erwartungen sahen die Nürnberger der Tätigkeit der Subdelegationskommission entgegen. Die Patrizier erhofften sich die Stärkung ihrer angeschlagenen Autorität, die Bürgerlichen die Beseitigung der patrizischen Vorrechte, und alle eine Verbesserung der desolaten finanziellen Situation.

Von Anfang an standen alle Maßnahmen der Subdelegationskommission unter dem Diktat der leeren Kassen: Ämter wurden zentralisiert und zahlreiche Beamte entlassen, ohne doch die Führung des Patriziats wirklich in Frage zu stellen, Staatsgüter in ungeheurem Umfang verkauft, Kirchen als Lagerhäuser verpachtet, Zinsen für Staatsanleihen vermindert, Kapitalrückzahlungen eingestellt. Eine Steuerreform, die Grundbesitz und unternehmerisches Kapital endlich gleichstellen sollte, blieb im Widerstand der Interessengruppen stecken. Trotz aller Bemühungen tat sich für jedes gestopfte Haushaltsloch ein größeres auf. Auf 150.000 Gulden bezifferte ein Bericht Gemmings die jährlichen Verluste aus den bayerischen und preußischen Okkupationen, ohne die Nürnberg einen Gewinn von fast 77.000 Gulden erwirtschaften könne. 1800/01 wurde Nürnberg ein zweites Mal von den Franzosen besetzt, und wieder wurden Stadt und Bevölkerung mit hohen Kontributionen belastet. Zudem begleitete diesmal ein eigens ernannter Regierungskommissär die Armee, um die bedeutendsten Kunstwerke (darunter Kopien eines Selbstbildnisses Albrecht Dürers und seines Doppelbildes von Adam und Eva, die damals für echt gehalten wurden) der Nürnberger Sammlungen aufzuspüren und nach Paris zu verschleppen – der erste systematische Kunstraub, der Nürnbergs kulturelles Erbe in diesen Jahren dezimierte. Weitere sollten folgen.

Die anfängliche Begeisterung der Nürnberger und insbesondere des Patriziats für die kaiserliche Subdelegationskommission schlug bald in Enttäuschung um, die Enttäuschung in Widerstand. Durch Verschleppung der Geschäfte und gezielte Schlamperei im Aktenwesen suchte der Rat die ungeliebten Reformen auszubremsen. Beschwerden des Rates an Kaiser und Reichshofrat über »verfassungswidrige« Reformen der Subdelegationskommission wechselten ab mit Beschwerden der Ge-

DIE FASTENFISCHE

Seit unvordenklichen Zeiten bestand der Brauch, dass das Landsteueramt den Ratsherren zur Fastenzeit auf Staatskosten Fische lieferte.

Genanntenkollegium und Rentkammer sahen hierin eine Einsparmöglichkeit, und am 6.3.1801 verbot die Subdelegationskommission die Fischzuteilung. Der Rat war empört: Mochte man Staatsgüter verkaufen, Almosen kürzen und Beamte entlassen, die Forellen der Ratsherren mussten bleiben! Eine Beschwerde beim Kaiser blieb ohne Erfolg, aber der Rat wusste sich zu helfen: Das Dekret der Kommission verschwand unauffindbar unter Stößen von Akten, und die Forellen für 1802 schienen gerettet. Leider bekam die Öffentlichkeit Wind von der Sache, eine anonyme Satire machte die Runde, und auswärtige Zeitungen machten den Rat zum Gespött in ganz Franken. Schließlich schaffte der Rat selbst die Fischzuteilung ab, nicht ohne den Betroffenen – also sich selbst – eine finanzielle Entschädigung zuzuwenden.

Das Landsteueramt hatte Schwierigkeiten gemeldet, aus den bayerisch besetzten Ämtern Fische zu erhalten.

HINTERGRUND

nannten und Gemmings über die Obstruktion des Rates. Einvernehmliche Lösungen waren die Ausnahme, die Entscheidungen über Nürnbergs innere Angelegenheiten fielen jetzt in Wien.

Am 12. und 16. Juni 1806 wurde in Paris die Rheinbundakte unterzeichnet. 16 Fürsten traten aus dem Reich aus, bildeten den Rheinbund und erkannten Napoleon als ihren Protektor (Schutzherrn) an. Daraufhin legte Franz II. am 12. August 1806 die inhaltslos gewordene Kaiserkrone nieder. Das Reich war erloschen, die Kaiserliche Subdelegationskommission hatte ihre Rechtsgrundlage verloren. Der Rat war wieder Herr im Hause. Seine erste Handlung war die Aufhebung aller Erlasse der Subdelegationskommission.

Souveränität und Ende

Mit dem Ende des Reichs war die bisherige Reichsstadt Nürnberg zu einem souveränen Staat geworden, staatsrechtlich auf einer Stufe mit Russland, England oder Frankreich. Tatsächlich war Nürnberg, schon seit März zum drittenmal von französischen Truppen besetzt, niemals machtloser als in diesen Tagen. Die Rheinbundakte hatte den Mitgliedern des Bundes großzügige Gebietszuwächse durch kleinere Territorien aus ihrer Nachbarschaft zugesagt. Für Nürnberg sah Artikel 17 die Einverleibung nach Bayern vor. Der Nürnberger Rat hatte die Hoffnung auf Erhaltung seiner Unabhängigkeit bereits aufgegeben und bemühte sich nur noch, durch Verhandlungen möglichst erträgliche Bedingungen zu erreichen.

Am 5. August teilte der französische Gesandte in München den Abgesandten des Rats die bevorstehende Übergabe an Bayern mit. Am 15. September 1806 übergab der französische Bevollmächtigte Inspektor Fririon Nürnberg unter Glockengeläut und Kanonendonner dem bayerischen Generalkommissär für Franken Graf Thürheim. Nürnberg war zu einer bayerischen Provinzstadt geworden.

DREI NÜRNBERGER SCHICKSALE DER UMBRUCHSZEIT

Der Revolutionär: Johann Benjamin Erhard (1766–1827) war Sohn eines Scheibenziehers. In seiner Jugend lernte er das Handwerk seines Vaters, bevor er in Würzburg und Altdorf Medizin studierte und sich als Arzt in Nürnberg (1792–1797), Ansbach (1797–1799) und Berlin (ab 1799) niederließ. Als radikaler Aufklärer befürwortete er gewaltsame Revolutionen, wenn anders die Ideale der Aufklärung nicht durchgesetzt werden konnten (Hauptwerk »Über das Recht des Volks zu einer Revolution«, Nürnberg 1795) und unterstützte die vorrückenden französischen Revolutionsarmeen durch Agentenberichte an die Pariser Regierung. 1796 unterstützte er den Anschluss Nürnbergs an Preußen und die Reformpolitik Hardenbergs. Nach seiner Übersiedlung nach Berlin verzichtete Erhard auf politisches Engagement, hielt aber an seinen republikanischen Überzeugungen bis zu seinem Tod fest.

Der Märtyrer: Johann Philipp Palm (1766–1806) wurde in Schorndorf als Sohn eines Chirurgen und Steuereinnehmers geboren und erlernte bei einem Onkel in Erlangen den Buchhandel. 1796 erheiratete er die Stein'sche Buchhandlung in Nürnberg. Als 1806 französische Truppen bereits Nürnberg besetzt hatten, erschien

Als Märtyrer für die Freiheit Deutschlands wurde Palm im 19. Jahrhundert zu einer Ikone der Nationalbewegung. – Gedenkblatt für Johann Philipp Palm, Stahlstich von Georg Perlberg und Chr. Ried, um 1850 (StadtAN A 7/I Nr. 3450).

in seiner Buchhandlung anonym die 144-Seiten-Schrift »Deutschland in seiner tiefen Erniedrigung«, eine Kampfschrift gegen die französische Fremdherrschaft in Deutschland, die Tyrannei Napoleons und die deutschen Fürsten, die ihm aus Eigennutz zu Willen waren. Aufgrund einer Denunziation wurde Palm verhaftet und, da er sich weigerte, den Verfasser zu verraten, auf Befehl Napoleons in Braunau am Inn hingerichtet.

Der Reformer: Paul Wolfgang Merkel (1756–1820) bildete aus den Geschäften seiner Eltern und seines Schwiegervaters 1784 das Handelshaus »Lödel und Merkel«, eines der bedeutendsten Nürnberger Handelshäuser mit einem Handelsraum zwischen Liverpool, Königsberg, Bordeaux und Triest. Er sympathisierte mit der Französischen Revolution und engagierte sich als Mitgründer oder führendes Mitglied mehrerer geselliger Vereine, Freimaurerlogen und der »Gesellschaft zur Beförderung vaterländischer Industrie« für die Verwirklichung aufklärerischer Ideen in Nürnberg, seit 1786/87 auch in offizieller Position als Marktadjunkt und Genannter des Größeren Rates. Als solcher vertrat er energisch die Interessen der bürgerlichen Opposition gegen das Patriziat, setzte sich aber auch seit 1801 für die Erhaltung der reichsstädtischen Selbstständigkeit Nürnbergs ein. Nach der Annexion Nürnbergs durch Bayern vertrat er die Interessen der Nürnberger Kaufleute im neuen Staat. 1818 wurde er in die 2. Kammer des bayerischen Landtags gewählt, wo er die vollständige Übernahme der Nürnberger Schulden durch den bayerischen Staat erreichte. Nach seiner Rückkehr bereitete ihm die Bürgerschaft hierfür einen feierlichen Empfang. – Eine von Paul Wolfgang Merkel privat zusammengetragene wertvolle Kunstsammlung befindet sich heute im Germanischen Nationalmuseum.

Die romantische Entdeckung Nürnbergs

Fast zeitgleich mit dem Untergang der realen Reichsstadt Nürnberg begann ihre Entdeckung als Verkörperung altdeutscher Kultur. Ausgelöst wurde sie durch die beiden Berliner Studenten Wilhelm Heinrich Wackenroder (1773–1798) und Ludwig Tieck (1773–1853), die während des Sommersemesters 1793 die erst kurz zuvor preußisch gewordene Universität

Erlangen besuchten und von hier aus weite Ausflüge in die Umgebung unternahmen. Aufgewachsen im protestantischen und aufgeklärten Geist Preußens, erschloss sich ihnen im fränkischen Barock Bayreuths, dem Katholizismus Bambergs und den gotischen und Renaissance-Kunstschätzen Nürnbergs eine völlig neue, faszinierende Welt.

Dreimal kam Wackenroder, einmal Tieck von Erlangen aus nach Nürnberg. Im Auftrag seines Berliner Germanistiklehrers Koch musste Wackenroder elf Nürnberger Gelehrte und Kunstsammler besuchen, die Koch zur Mitarbeit an seiner Zeitschrift gewinnen wollte. Bereitwillig zeigten sie dem jungen Studenten die alten Handschriften, Stiche und Gemälde ihrer Privatsammlungen und führten ihn zu den Sehenswürdigkeiten ihrer Stadt, zu Burg, St. Sebald, St. Lorenz, Frauenkirche und Johannisfriedhof. Anders als den Aufklärern erschien Wackenroder und Tieck das in einem Jahrhundert der Stagnation bewahrte Stadtbild aus Gotik und Renaissance nicht mehr als Ausdruck hoffnungsloser Rückständigkeit und Verfalls, sondern als Zeugnis einstiger Größe und als positives Gegenbild zu einer kläglichen Gegenwart. *Die Stadt selbst kann ich nicht genug mit Verwunderung ansehen, weil man kein einziges neues Gebäude findet, so wird man ganz ins Altertum versetzt und erwartet immer einen Ritter oder einen Mönch oder einen Bürger in alter Tracht zu begegnen*, so fasste Wackenroder seinen Eindruck zusammen. Drei Jahre später, 1796, gaben Wackenroder und Tieck ihren Gefühlen in ihrer gemeinsam verfassten Arbeit »Herzensergießungen eines kunstliebenden Klosterbruders« öffentlich Ausdruck.

In einer Zeit, in der die Exzesse der Französischen Revolution, die Schrecken der Revolutionskriege und die Fremdherrschaft Napoleons die Ideen der Aufklärung diskreditierten und einem neu erwachten deutschen Nationalgefühl Auftrieb gaben, trafen die »Herzensergießungen« einen Nerv der Zeit. Sie wurden zum Auslöser einer neuen Epoche der Kunst- und Literaturgeschichte, der Romantik, und etablierten Nürnberg dauerhaft als deren Sehnsuchtsort. In bewusstem Gegensatz zum »heiligen Köln«, dem Ideal der rückwärtsgewandten, politisch reaktionären Richtung der Romantik, wurde Nürnberg als Verkörperung deutscher Kunst, bürgerlichen Gewerbefleißes und freiheitlich-republikanischen Bürgergeistes zum Ideal

DAS MANIFEST DER ROMANTIK

Nürnberg! du vormals weltberühmte Stadt! Wie gerne durchwanderte ich deine krummen Gassen; mit welcher kindlichen Liebe betrachtete ich deine altväterischen Häuser und Kirchen, denen die feste Spur von unsrer alten vaterländischen Kunst eingedrückt ist! Wie innig lieb ich die Bildungen jener Zeit, die eine so derbe, kräftige und wahre Sprache führen! Wie ziehen sie mich zurück in jenes graue Jahrhundert, da du, Nürnberg, die lebendigwimmelnde Schule der vaterländischen Kunst warst und ein recht fruchtbarer, überfließender Kunstgeist in deinen Mauern lebte und webte: – da Meister Hans Sachs und Adam Kraft, der Bildhauer, und vor allen Albrecht Dürer mit seinem Freunde Willibaldus Pirckheimer und so viel andre hochgelobte Ehrenmänner noch lebten! Wie oft ist sie in meinen Gedanken wieder von neuem vor mir hervorgegangen, wenn ich in deinen ehrwürdigen Büchersälen, Nürnberg, in einem engen Winkel, beim Dämmerlicht der kleinen, rundscheibigen Fenster saß und über den Folianten des wackern Hans Sachs oder über anderem alten, gelben, wurmgefressenen Papier brütete; – oder wenn ich unter den kühnen Gewölben deiner düstern Kirchen wandelte, wo der Tag durch buntbemalte Fenster all das Bildwerk und die Malereien der alten Zeit wunderbar beleuchtet! –.

Aus: Wilhelm Heinrich Wackenroder und Ludwig Tieck: Herzensergießungen eines kunstliebenden Klosterbruders (1796)

der demokratischen Nationalbewegung des 19. Jahrhunderts. Institutionalisiert durch die Gründung des Germanischen Nationalmuseums (1853), popularisiert durch Erzählungen E. T. A. Hoffmanns (»Nussknacker und Mäusekönig«, 1816, »Meister Martin der Küfner und seine Gesellen«, 1818) und Richard Wagners Oper »Die Meistersinger von Nürnberg« (Uraufführung 1868) und zusammengefasst in den Schlagworten »Des Reiches Schatzkästlein« und »Die deutscheste der deutschen Städte« entstand so ein Nürnberg-Bild, das noch heute Jahr für Jahr Millionen Touristen aus aller Welt nach Nürnberg lockt.

Die Umwälzungen der »Ära Wurm«

Kahlschlag und Neubeginn

Ihr armen Kinder, nun seid ihr Fürstenknechte, soll Margaretha Elisabetha Merkel, Gattin des Nürnberger Kaufmanns Paul Wolfgang Merkel, ausgerufen haben, als am 15. September 1806 der Leiter des Pegnitzkreises, Karl Friedrich Graf von Thürheim, Nürnberg für das Königreich Bayern in Besitz nahm. Noch am selben Tag entmachtete Graf Thürheim den Rat, indem er das Übergabeprotokoll und das königliche Besitzergreifungspatent verlas. Alle reichsstädtischen Ämter wurden in den bayerischen Verwaltungsapparat eingegliedert. Die vollziehende Gewalt in Nürnberg lag nun beim neuen Polizeidirektor Christian Wurm. Aufgrund seiner außerordentlichen Machtfülle konnte der gebürtige Ansbacher bis zur Einführung der Gemeindeordnung 1818 in Nürnberg uneingeschränkt schalten und walten. Nicht zuletzt sein eigenmächtiger Führungsstil machte die neuen Landesherren außerordentlich unbeliebt. Während sich Wurm bei antibayerischen Ausschreitungen 1809 gerade noch in Sicherheit bringen konnte, wurde Graf Thürheim von aufgebrachten Bürgern schwer misshandelt – und Nürnberg verlor seinen Status als Hauptstadt des Pegnitzkreises.

Mit der Besitzergreifung ging das gesamte Vermögen der Stadt und deren Landgebiet in bayerischen Staatsbesitz über. Sofort begannen die neuen Herren mit seiner Ausschlachtung.

Dagegen übernahm die neue Obrigkeit nicht die Verbindlichkeiten der ehemaligen Reichsstadt, die infolge der überdurchschnittlich hohen Steuerzahlungen an Kaiser und Fränkischen Reichskreis, durch hohe Kontributionsforderungen der französischen Besatzungstruppen und nicht zuletzt durch die Einbehaltung der Abgaben des Landgebiets durch Preußen und Bayern selbst am Ende des Alten Reiches auf 12 Millionen Gulden angewachsen waren. 90 Prozent ihrer Staatsschulden finanzierte die Stadt durch ihre wohlhabenden Bürger, indem

BAYERN PLÜNDERT NÜRNBERG

Bayern stand in den Jahren 1809 bis 1815 mehrfach am Rande eines Staatsbankrotts und brauchte dringend Geld. So begann nun in Nürnberg nach dem Muster der Kirchengutsäkularisation in Altbayern unmittelbar nach der Besitzergreifung eine auf breiter Basis angelegte mehrjährige Ausschlachtung des Gemeinde- und Stiftungsvermögens. Überaus pragmatisch wurden neue Geldquellen erschlossen, deren Spektrum von der Entwendung und Veräußerung hochkarätiger Kunstobjekte, allen voran das kostbare Gitter im Großen Rathaussaal aus der Werkstatt Peter Vischers, das zum Altmetallwert verscherbelt wurde, von Immobilien und Gebrauchsgegenständen bis hin zu Demontagen von Alltagsgütern im öffentlichen Raum reichte. Respektlosigkeit und Ignoranz gegenüber Kunstschätzen, die die Reichsstadt Nürnberg selbst in den Jahren ihrer Agonie bewahrt und nicht zuletzt als Identität stiftende Sinnbilder ihrer Geschichte aufrecht erhalten hatte, prägten dabei das Handeln.

sie Pfandbriefe ausgab. Viele Gläubiger finanzierten mit den Zinsen ihren Lebensunterhalt. Während die Stadt Nürnberg vor dem Hintergrund der Finanzkrise den Zinssatz lediglich reduziert hatte, stellte das Königreich Bayern die Zinszahlungen einfach ein – in vielen Fällen mit dramatischen sozialen Folgen für die Inhaber. Laut einer Bestandsaufnahme von 1810 stundeten 1666 Gläubiger dem Staat ein Kapital von 10 Millionen Gulden. Erst ab 1820 erfolgte mit der Anerkennung der Staatsschulden wieder eine korrekte Verzinsung.

Die Zäsur von 1806 löste aber auch einen Modernisierungsschub in der Verwaltung aus. Den größten Entwicklungsbruch seiner Geschichte verzeichnete das äußerst komplex angelegte Nürnberger Stiftungswesen. Soweit möglich wurde in der neuen Stiftungsadministration zentralisiert, durch Zusammenlegung verschlankt, aber auch Stiftungsbesitz in erheblichem Maße zur Finanzierung der bayerischen Staatsschulden herangezogen.

Das Schulwesen – 1808/13–1816 unter der Leitung des Philosophen Georg Friedrich Wilhelm Hegel – erhielt neue Impulse. Die in Bayern seit 1802 bestehende Schulpflicht galt

Die Augustinerkirche während des Abbruchs. – Radierung von Georg Christoph Wilder nach einer Zeichnung von 1816 (StadtAN E13/II Nr. G 439).

nun auch für Nürnberg. 1806 gab es im Elementarbereich 18 Zahlschulen, fünf protestantische Armenschulen, eine katholische Schule und die Schule des Findel- und Waisenhauses. Die Errichtung einer Musterschule 1810 und einer Lehrerfortbildungsanstalt 1811 markierten erste Schritte einer Unterrichtsreform. Ab 1818 folgte der Umbau der Armenschulen, 1821 der Zahlschulen und 1822 der katholischen Schule zu öffentlichen Einrichtungen mit festem Budget und einheitlichem Lehrplan. Zudem brachte der bildungsfreundliche Magistrat für das seit 1808 reformierte Volksschulwesen erhebliche Mittel auf.

Auch die Anpassung an das bayerische Steuerwesen führte zu neuen Verwaltungsstrukturen. Das Stadtgebiet wurde in

16 Steuerbezirke unterteilt und ein Steuerkataster angelegt. Darüber hinaus wurde das Stadtgebiet vermessen und kartographisch erfasst.

Veränderung des Stadtbildes

Fünf Jahre nach der Okkupation durch Bayern hatte sich das Stadtbild dramatisch verändert. 1811 resümierte das faktisch entmachtete Genanntenkollegium, dass Nürnberg durch die Bayern *beinahe in einen Schutthaufen verwandelt worden ist.* Abgerissen worden waren die Predigerkirche, die Augustinerkirche und das Barfüßerkloster. Andere Kirchen waren ausgeräumt, die städtische Gemäldesammlung verschleudert oder nach München verschleppt, das reichsstädtische Archiv okkupiert und Brunnen demontiert worden. Nicht zuletzt die Schließung der reichsstädtischen Altdorfer Universität wurde als schwerer Prestigeverlust empfunden.

Das Erscheinungsbild der Stadt, das sich über Jahrhunderte kaum gewandelt hatte, veränderte sich aber auch durch mannigfache Modernisierungsmaßnahmen. Erste Verbesserungen der Hygiene im öffentlichen Raum brachte die Auflösung der Mist- und Dungstätten an den Häusern. Zudem wurde die bereits seit 1792 bestehende öffentliche Straßenbeleuchtung durch weitere Öllaternen ausgebaut. Zur Begrünung der Stadt trugen Baumpflanzaktionen auf der Insel Schütt und dem Maximiliansplatz bei, Alleen wurden auf den Wegen vor dem Frauentor nach St. Peter und von Gostenhof nach Steinbühl angelegt, und als am Frauentor der Galgen umstürzte, entstand dort ein kleiner Park.

Auf wenig Akzeptanz stießen die sogenannten Kolonnaden, die 1809 auf dem Hauptmarkt auf Initiative der bayerischen Regierung an Stelle der vielen kleinen Krämerläden errichtet wurden. Aber erst 1895 erfolgte der Abriss der dreireihigen Verkaufsstände, die bereits Zeitgenossen als »Verschandelung« empfunden hatten. In nächster Nähe zu den Kolonnaden entstand nach dem Abriss der Alten Schau das klassizistische Gebäude der Hauptwache für das bayerische Militär.

Die klassizistische Hauptwache am Rathausplatz mit Wachablösung des bayerischen Militärs. – Fotografie vor 1909 (StadtAN A 47 Nr. KS - 50 - 10).

Vis-à-vis dem Rathaus erfüllte es als steingewordenes Symbol der bayerischen Besitzergreifung bis zum Umzug der Hauptwache in die Deutschhauskaserne 1903 diese Funktion.

Weitere klassizistische Akzente setzten das 1833 von Leonhardt Schmidtner errichtete Alte Stadttheater am Lorenzer Platz als erste größere städtische Bauunternehmung im 19. Jahrhundert und das 1836 ebenfalls nach Plänen Schmidtners fertiggestellte klassizistische Palais des Kaufmanns Georg Kalb. Letztendlich setzte sich aber die Architekturform des Historismus in Nürnberg durch, und die wenigen klassizistischen Bauwerke wurden größtenteils im Zweiten Weltkrieg zerstört.

Umso eindrücklicher präsentiert sich die Elisabethkirche als klassizistischer Monumentalbau innerhalb der Stadtmauer. Bereits 1785 war der Grundstein zum Neubau der Deutschordenskirche gelegt worden. Jedoch verschleppte die Mediatisierung der Kommende durch Bayern und die damit verbundene Profanierung des Rohbaus dessen Fertigstellung. Erst 1903 wurde die Kirche vollendet.

Nürnbergs Aufstieg zur Industriemetropole

Wiedereinführung einer kommunalen Selbstverwaltung

Das Recht auf kommunale Selbstverwaltung blieb der Stadt Nürnberg nach der Besitzergreifung lange Zeit versagt. Mit dem Gemeindeedikt 1808 erfolgte nach der faktischen Entmachtung die formelle Auflösung des patrizischen Stadtregiments. Gleichzeitig wurde der sogenannte Munizipalrat eingerichtet, dem Polizeidirektor Christian Wurm vorstand. Ihm verweigerten die alten Eliten der Stadt die Zusammenarbeit, zu sehr belasteten dessen Führungsstil und das selbstherrliche Auftreten der bayerischen Exekutive das Verhältnis.

Die Mitglieder der städtischen Verwaltung rekrutierten sich zum großen Teil aus dem Kreis der reichen Kaufleute und Unternehmer. Quasi als primus inter pares agierte der Erste Bürgermeister, bis 1821 der Anwalt Christian Gottfried Lorsch, gefolgt von dem Juristen Jakob Friedrich Binder, der mit seiner langen Amtszeit bis 1853 für Kontinuität in der noch jungen Verwaltung sorgte. 1821 folgte der Kaufmann Johannes Scharrer dem Zweiten Bürgermeister Nicolaus Sörgel im Amt. 1838 wurde der Tabakfabrikant Georg Bestelmeyer als Zweiter Bür-

HINTERGRUND

GEMEINDEVERFASSUNG 1818

Erst die Gemeindeverfassung von 1818 mit weitgehenden, wenn auch staatsaufsichtlich kontrollierten Selbstverwaltungskompetenzen ebnete einer allmählichen Annäherung den Weg. Munizipalrat und Polizeidirektion wurden aufgelöst. 16 Magistratsräte sowie 36 Gemeindebevollmächtigte nahmen nun die Verwaltungsaufgaben wahr. Beide Gremien wurden von den wenigen tausend inskribierten Gemeindebürgern, den am höchsten Besteuerten, gewählt. Am 23. November 1818 fand im Großen Rathaussaal die feierliche Verpflichtung beider Kammern statt. Einige Tage später verließ Polizeidirektor Wurm die Stadt in Richtung München und ging dort mit nur 47 Jahren und finanziell offenbar bestens gestellt in Pension.

germeister bestätigt; er vertrat bereits seit 1834 Nürnberg im Bayerischen Landtag. Auch die beiden herausragenden Kaufleute Georg Zacharias Platner und Johannes Merkel gehörten dem Magistratsrat an.

Schritt für Schritt galt es nun, die wirtschaftliche und finanzielle Talsohle und nicht zuletzt die strukturellen Defizite, die etwa mit dem Verlust des Landgebietes entstanden waren, zu überwinden. Gleichsam als Symbol des allgemeinen Stillstands markierte das Jahr 1820 mit nur 23.491 Einwohnern den Tiefpunkt des Bevölkerungsstandes, der im Jahr der Besitzergreifung noch 25.176 Personen betragen hatte.

Nürnberg – Hochburg des Liberalismus

Nürnberg zählte nicht zu den überregional ausstrahlenden Zentren des Vormärz, aber doch neben Bamberg und Würzburg zu den Hochburgen des Liberalismus in Bayern. Wie schon dem Gemeindeedikt stand das kaufmännisch geprägte Bürgertum der zeitgleich verabschiedeten bayerischen Verfassung durchaus positiv gegenüber. Erste Maßnahmen des jungen Königs Ludwig I. wie Lockerung der Zensur und liberale Handels- und Gewerbegesetze schienen einer Aussöhnung zwischen der ehemaligen Reichsstadt und dem neuen Staat den Weg zu bahnen. Doch schon wenige Jahre später sah sich der Zweite Bürgermeister Johannes Scharrer, der mit Hilfe des Königs kostspielige Reformprojekte gegen den Willen der städtischen Gremien durchsetzen wollte, mit einer von dem »radikalen« Liberalen Georg Bestelmeyer angeführten Opposition konfrontiert. Die Empörung über Scharrers Abwahl 1829 und den königlichen Willkürakt der Nichtanerkennung der Wahl seines Nachfolgers Bestelmeyer brachte im Kontext der Auswirkungen der französischen Julirevolution einen Aufstand zum Greifen nahe.

Der König beantwortete die landesweiten Unruhen von 1830 mit einem kompromisslosen Vorgehen gegen liberale Tendenzen in Gesellschaft und Politik: Für die Kritik an der Verschärfung der Pressezensur erteilte Ludwig I. dem Nürnberger Magistrat eine Rüge und Bestelmeyer wurde vom Landtag ausgeschlossen. Eine Reihe von Unruhen in den 1840er-Jahren stufte die bayerische Regierung als durchaus gefährlich ein und verstärkte vorsichtshalber die Nürnberger Garnison.

Im Februar 1848 führten in Frankreich Revolutionsunruhen zum erneuten Sturz des Königtums und zur Ausrufung der Zweiten Französischen Republik. Wenig später sprang der revolutionäre Funke auch auf die deutschen Staaten über. Neben München zählten vor allem die neubayerischen Gebiete zu den Schauplätzen der Märzunruhen. Nürnberg trug insbesondere als Verkehrs- und Nachrichtenknotenpunkt zur revolutionären Dynamik bei. Zudem brachten die Geschehnisse der Revolution 1848/49 die reichsstädtische Identität der Noris und ihrer Bürger in ihrer gesamten Bandbreite zum Ausdruck.

Die Revolution von 1848/49

Als erste Volksversammlung in Bayern stellte am 2. März 1848 eine Zusammenkunft im Wirtshaus »Zum Goldenen Adler« unter dem Vorsitz des Advokaten Wilhelm Korte die sogenannten Märzforderungen nach Verfassungsreformen auf. Diese umfassten u. a. Presse- und Vereinsfreiheit sowie die Einberufung eines Parlaments für den gesamten Deutschen Bund. Einige Tage später war der durch seine Affäre mit der irischen Tänzerin Lola Montez politisch angeschlagene König Ludwig I. zum Einlenken bereit. Die Nachricht löste am 7. März in Nürnberg ein Freudenfest aus, und erstmals wurden die Farben Schwarz-Rot-Gold öffentlich als Symbol der Einheitsbewegung präsentiert. Vor allem aber an der Gründung zahlreicher Vereine und Clubs wurde die gesellschaftliche Politisierung ablesbar: Als erster und radikalster Verein wurde der »Politische Verein« mit dem Herausgeber des Vereinsorgans »Der Freie Staatsbürger« Gustav Diezel als Frontmann gegründet. Betont moderat präsentierte sich der »Konstitutionelle Verein«. Unter Leitung des Arztes Ferdinand Schwartz trafen sich sowohl monarchistisch als auch republikanisch gesinnte Bürger im

»Volksverein«. Als der Volksverein politisch nach links abdriftete, gründete Friedrich Wilhelm Ghillany zusammen mit weiteren gemäßigten Anhängern den »Bürgerverein für Freiheit und Ordnung«.

Bei den Urwahlen zur Nationalversammlung in der Paulskirche am 25. April 1848 wurden fast ausschließlich Vertreter der gemäßigten städtischen Honoratiorenschicht zu Wahlmännern, die am 28. April 1848 den Arzt Johann Gottfried Eisenmann zum Abgeordneten wählten. Da Eisenmann sein Mandat nicht annahm, kam der Nürnberger Advokat und Altliberale Dr. Wilhelm Krafft in die Nationalversammlung. Bei den Urwahlen zum Bayerischen Landtag am 30. November 1848 hatte sich das politische Meinungsbild in Nürnberg zugunsten radikal-republikanischer Kräfte verschoben. Nun waren 75 Prozent der Wahlmänner vom Politischen Verein und/oder Volksverein empfohlen worden.

Verhaftungswelle

Die Ablehnung der Kaiserkrone im April 1849 durch König Friedrich Wilhelm IV. von Preußen bedeutete für die deutsche Einheitsbewegung einen herben Rückschlag. Nichtsdestotrotz forderten am 2. Mai 1849 rund 15.000 Menschen auf dem Judenbühl die Anerkennung der Reichsverfassung. Dank eines friedlichen Verlaufs kam das vorsorglich in Nürnberg stationierte Militär nicht zum Einsatz. Doch im Landtag gingen die fränkischen Demokraten offen in die Opposition und drohten mit dem Abfall Frankens, falls König Maximilian II. die Anerkennung der Beschlüsse der Paulskirche ablehnen sollte. Ein bewaffneter Aufstand in Franken schien der Regierung in München auf einmal möglich, zumal am 13. Mai 1849 eine weitere Versammlung auf dem Judenbühl mit rund 30.000 Besuchern abermals mit der Lostrennung Frankens drohte, falls der König den gewählten radikalen Landtag auflöste. Aber auch diesmal verlief die Kundgebung friedlich und bot den stationierten rund 17.000 altbayerischen Truppen keinen Anlass einzugreifen.

Erst die Aushebung eines Waffendepots des Volksvereins in einer Wirtschaft am Webersplatz lieferte der bayerischen Regierung die notwendige Handhabe gegen die republikanisch gesinnten Kreise in Nürnberg. Neben Sensen fand die Polizei dort eine Liste der für die Volksbewaffnung bereit stehenden Personen und so fielen zahlreiche Vereinsmitglieder der folgenden Verhaftungswelle zum Opfer. Nach dem Scheitern der Revolution wandte sich das Bürgertum in Nürnberg wieder verstärkt dem Erwerbsleben zu. Die Ereignisse hatten jedoch alte Ressentiments zwischen Altbayern und Franken neu belebt.

Frühindustrialisierung

Das Nürnberger Handwerk hatte mit Erfindungsreichtum und hohen Qualitätsstandards das weltweite Ansehen der Pegnitzstadt wesentlich mit geprägt. Selbst als Nürnberg an Bedeutung verloren hatte, präsentierten sich Handel und Gewerbe um 1800 noch vergleichsweise stark. Die verarbeitenden Gewerbe zählten rund 2.500 Betriebe, davon arbeiteten 1.587 Werkstätten, dominiert von metallverarbeitenden Betrieben, für den Export.

Das Festhalten an überkommenen Gewerbestrukturen war allerdings seit dem 18. Jahrhundert zunehmend in Widerspruch mit den wirtschaftlichen Erfordernissen der Neuzeit geraten. Aufgrund von restriktiven Bestimmungen hatten sich kaum moderne Produktionsformen, zum Beispiel Manufakturen, entwickelt. Typisch für Nürnberg war hingegen das Verlagswesen – ein Verfahren, bei dem Handwerker für Verleger gegen Stücklohn fertigten. Darüber hinaus reglementierte der Rat auf Druck der Handwerkerschaft Löhne, Preise und Absatzmengen. Zudem nutzten den immer noch ausgezeichneten Ruf Nürnberger Qualitätsprodukte Kaufleute und Händler, die günstig produzierte Ware aus Werkstätten außerhalb Nürnbergs aufkauften und als Nürnbergische Waren vertrieben. Auch sogenannte Staudenmeister und Stümperer außerhalb Nürnbergs betrieben solchen Etikettenschwindel. Dennoch machte das Exportgewerbe noch über 50 Prozent des Nürnberger Gewerbes aus.

Impulse für Wirtschaft und Gesellschaft

Mit etlichen Maßnahmen versuchte die bayerische Verwaltung einen wirtschaftlichen Aufschwung herbeizuführen. So wurden etwa sogenannte reale, an den Häusern haftende Gewerberechte aufgehoben und 1808 das Rugamt aufgelöst. Darüber hinaus ließ die Gewerbeordnung von 1825 bei Vorlage eines lax gehandhabten Befähigungsnachweises konzessionierte Betriebe zu. Auf Druck des alteingesessenen Handwerks kam es 1834 allerdings zu einer Revision und Wettbewerb und Modernisierungswille wurden weiter künstlich unterdrückt.

Wichtige Impulse für die wirtschaftliche und gesellschaftliche Zeitenwende kamen aus der Bürgerschaft selbst. Schon 1792 war die »Gesellschaft zur Beförderung Vaterländischer Industrie« unter Federführung des Pfarrers und Aufklärers Johann Ferdinand Roth gegründet worden. Vor allem die export-orientierten Branchen fanden im bevölkerungsarmen Bayern nicht ausreichend Absatzmärkte. Für sie galt es, neue Märkte zu erschließen und Handelsbeschränkungen zu beseitigen. Auf der Frankfurter Frühjahrsmesse 1819 wurde unter maßgeblicher Beteiligung von Nürnberger Kaufleuten der »Verein deutscher Kaufleute und Fabrikanten« gegründet. Der Abbau von Zollbarrieren und die Einführung der Gewerbefreiheit standen als Aufgaben auf der Agenda des Vereins. Friedrich Bauerreis und Johann Jakob Schnell waren treibende Kräfte des Vereins, dem sich führende Nürnberger Kaufleute und Unternehmer wie Johann Friedrich Klett und Johannes Merkel anschlossen. Als am 1. Januar 1834 der Deutsche Zollverein gegründet wurde und ihm 18 Staaten beitraten, war damit die Zielsetzung zumindest bezüglich der Zolleinigung erfüllt.

Auch das Schulwesen erhielt durch private Initiativen neue Akzente. 1823 wurde auf Anregung Johannes Scharrers die Polytechnische Schule als erste technische Lehranstalt Bayerns gegründet. Hier konnten sich Handwerker mit den Grundlagen zeitgemäßer Technik und Formgebung vertraut machen. Trotz knapper kommunaler Finanzen und mangelnder staatlicher Unterstützung entwickelte sich die Schule aus-

Die Lokomotive »Adler« bewältigte den zwei Poststunden langen Weg von Nürnberg nach Fürth bei Eilfahrten in nur 8 Minuten. – Fotografie, nicht datiert (StadtAN A 60 Nr. 209).

gesprochen gut. An der Polytechnischen Schule lehrten namhafte Künstler und Gelehrte wie der Architekt Karl Alexander Heideloff (1789–1865) und der weltbekannte Physiker und spätere Rektor Georg Simon Ohm (1789–1854). Die aus der Polytechnischen Schule hervorgegangene Technische Hochschule Nürnberg trägt seinen Namen.

Als erste Einrichtung ihrer Art in Bayern wurde 1821 in Nürnberg die Sparkasse gegründet. Gemäß dem Motto »Spare in der Zeit, so hast du in der Not« konnten nun unbemittelte Bevölkerungsschichten für kritische Lebenssituationen wie Invalidität, Arbeitslosigkeit oder Alter finanziell vorsorgen. Laut Statuten waren die Kunden in erster Linie Dienstboten und Kinder, ab 1876 konnte jedermann Sparer werden. 1843 betrug die Summe der Einlagen knapp eine Million Gulden.

Wirtschaftlicher Boom dank Eisenbahn

Das Startsignal zur Industrialisierung gab der »Adler«. Am 7. Dezember 1835 ging die offizielle Jungfernfahrt der Ludwigseisenbahn, angetrieben von der Dampflokomotive »Adler«, als erste Eisenbahnfahrt Deutschlands von Nürnberg-Gostenhof nach Fürth in die Annalen der Geschichte beider Städte und der deutschen Technik- und Wirtschaftsgeschichte ein.

HINTERGRUND

DER »ADLER«

Bereits 1833 war die Ludwigseisenbahngesellschaft als Aktiengesellschaft in Nürnberg mit den Direktoren Georg Zacharias Platner als Hauptaktionär und Johannes Scharrer an der Spitze gegründet worden. Zusammen mit dem Buchhändler Carl Mainberger als Schriftführer und dem Nürnberger Bürgermeister Jakob Binder gaben sie die Richtung des Eisenbahnprojekts vor. Schnurgerade und eben, zudem mit dem dichtesten Verkehrsaufkommen in Bayern schien die seit 1804 bestehende Nürnberg-Fürther Chaussee in technischer und wirtschaftlicher Hinsicht nachgerade die perfekte Teststrecke für das Projekt. Darüber hinaus gab es in Nürnberg reichlich disponibles Kapital für dessen Finanzierung.

Die Lokomotive stammte aus der Werkstatt des englischen Lokomotivenbauers Robert Stephenson. Sie wurde aus Newcastle upon Tyne in Einzelteile zerlegt geliefert und in der Maschinenwerkstatt Johann Wilhelm Spaeths am Dutzendteich zusammengeschraubt. Für die Montage zeichneten der mitgereiste englische Ingenieur und Lokomotivführer William Wilson und der englischsprachige Lehrer an der Nürnberger Polytechnischen Schule Michael Bauer verantwortlich.

Die Dampfkraft wurde nicht nur in der Verkehrstechnik zur Schlüsseltechnologie, sondern ermöglichte in allen Bereichen den Übergang zur industriellen Fertigung.

Blieb die Bedeutung der Ludwigsbahn für das Transport- und Nachrichtenwesen auch lokaler Natur, war der industrielle Aufschwung Nürnbergs nicht zuletzt dem Boom der Eisenbahnbaubranche geschuldet. Denn die Erschließung des Landes nahm mit dem Bau der Staatseisenbahn ab 1844 von Nürnberg aus ihren Anfang. Zahlreiche Firmen spezialisierten sich als Hersteller von Bahnbedarf. Zu den Branchenführern zählte die Maschinenfabrik des Bahnpioniers Johann Wilhelm Spaeth,

Nürnberg und Lebkuchen gehören zusammen. – Plakat zum 300-jährigen Firmenjubiläum der Lebkuchenfabrik Georg Goess, 1910 (StadtAN A 28 Nr. 1910/1 (Format 2)).

der sich ebenfalls Großaufträge für den Bau des Ludwigskanals sicherte. Daneben etablierte sich die MAN unter der Leitung von Theodor Cramer-Klett als einer der größten deutschen Waggonhersteller. Der Firmengründer Johann Friedrich Klett hatte sich mit Reparaturarbeiten für die Ludwigsbahn und als Hauptlieferant für Eisengusswaren der 1845 in Nürnberg errichteten königlichen Wagenbauanstalt den Einstieg ins Eisenbahngeschäft gesichert. Schon 1857 beschäftigte die Firma Klett & Co. über 2.600 Arbeiter. Als Großlieferant von Konstruktionsteilen empfahl sich darüber hinaus Julius Tafel der Waggonindustrie. Außerdem wurde der Brückenbau zur Domäne der Nürnberger Großindustrie. Die zweigleisige Eisenbahnbrücke bei Großhesselohe über die Isar aus der Klett'schen Maschinenfabrik 1857 zählte zu den Pionierleistungen auf diesem Gebiet.

Nürnberg wird Industriemetropole

Mit der Eingliederung in einen größeren Wirtschaftsraum durch den Übergang an Bayern, durch die Sanierung der Stadtfinanzen mittels Einführung des »Bierpfennigs« 1839, durch die Lockerung der Gewerbeverfassung und die Rückkehr zur kommunalen Selbstverwaltung wurde ein günstiges Innovationsklima geschaffen. Es war kein radikaler Umbruch, denn immer noch herrschten die Handwerksbetriebe vor, aber die Zahl der Betriebe mit modernen Maschinen und neuen Produktionsformen nahm deutlich zu. Konnte man 1818 erst 227 Fabriken zählen, so waren es 1852 schon 494, darunter sogar einige Großbetriebe. 1818 hatte noch keine der Fabriken mehr als 25 Arbeiter, 1852 waren es bereits acht Betriebe mit über 100 Arbeitern. Viele der neu entstandenen Fabriken waren aus Handwerksbetrieben hervorgegangen, denn Ideenreichtum, technischer Sachverstand und handwerkliches Geschick zeichnete den fränkischen Handwerkertypus aus. Beispielhaft hierfür ist Johann Philipp Lobenhofer, der 1820 in der Vorstadt Wöhrd gegen den Widerstand der Nürnberger Tuchmacher ein textiles Großunternehmen grün-

SCHREIBGERÄTE AUS NÜRNBERG

Schon im 17. Jahrhundert wurden in Nürnberg Bleistifte in kleinen Werkstätten gefertigt. Standortnachteile gegenüber der Konkurrenz aus England, das über Graphitvorkommen in besserer Qualität verfügte, und veraltete Produktionsweisen führten Anfang des 19. Jahrhunderts zu einer Absatzkrise. Ab 1820 trieb die »Gesellschaft zur Beförderung Vaterländischer Industrie« die Anwendung neuer Produktionsmethoden voran. Aber erst Lothar Faber, Inhaber der Steiner Fabrik A. W. Faber, leitete mit den entscheidenden technischen Verbesserungen sowie neuen Vermarktungsstrategien die Trendwende ein. Während der 1870er-Jahre boomte die Nürnberger Bleistiftindustrie und erschloss sich nach und nach alle relevanten Absatzgebiete einschließlich den USA. Neben A. W. Faber prägten allen voran die Nürnberger Bleistiftfabriken J. Faber, J. S. Staedtler, W. Staedtler, Fröscheis (Lyra) sowie die Schwan-Bleistift-Fabrik das gute Image der Schreibgeräte aus Franken. Auch Zulieferbetriebe wie die Bleistiftmaschinenfabrik Friedrich Ehrhardt profitierten vom Aufschwung.

dete. Mit Hilfe maschinengestützter Produktionstechniken entwickelte sich seine Firma zu einer der größten der Branche in Bayern. 1827 verfügte die Fabrik über 56 Maschinen und beschäftigte 118 Personen.

Nach wie vor dominierten die metallverarbeitenden Gewerbe die Nürnberger Wirtschaft, allen voran die Maschinenbauindustrie. Deren Erzeugnisse wiederum machten die Massenproduktion in anderen Sparten möglich. So wurden Nürnberger Lebkuchen durch den Einsatz von Mandelschälmaschinen, Teigwalzen und Knetmaschinen zum Exportschlager.

Als neue Sparte etablierte sich noch in der ersten Hälfte des 19. Jahrhunderts die chemische Industrie mit einem breiten Fertigungsspektrum in der Pegnitzstadt. Führend unter den rund 70 Betrieben im Chemiebereich war die 1838 von Johannes Zeltner gegründete Ultramarinfabrik in Steinbühl. Unter seiner Leitung produzierte die Fabrik Farbstoffe und belieferte Kunden in Europa und Übersee. Nach einem Konzentrationsprozess in der Branche wurde die Firma 1893 nach Leverkusen verlegt. Ebenfalls erfolgreich produzierte die 1840 gegründete Farbenfabrik von Karl und Wilhelm Puscher in St. Johannis. Die Brüder stammten aus Hannoversch Münden und waren wie viele andere Unternehmer wegen des innovationsfreudigen Klimas in die Noris gekommen. Aus der Lombardei kamen die Brüder Paul und Josef Baptist Giulini, die 1842 an der Rothenburger Straße eine Chemische Fabrik gründeten. Auch ihr Betrieb zählte bald zu den Branchenführern in Nürnberg.

Zu den Hidden Champions des Exports aus Nürnberg zählten die Pinsel. Vor dem Ersten Weltkrieg beherrschten rund 30 Nürnberger Pinselfabriken den Weltmarkt. Das differenzierte Fertigungsprogramm bediente Künstler und Handwerker, technische und medizinische Berufszweige und deckte den täglichen Haushaltsbedarf ab. Als größter Betrieb waren 1889 die Vereinigten Pinselfabriken aus dem Zusammenschluss von 15 Firmen hervorgegangen. Daneben etablierte sich eine umfangreiche Zulieferindustrie wie Pinselhaarhandlungen, Hersteller von Metallzubehör und Spezialmaschinen.

Frühzeitig entwickelte sich Nürnberg zu einem der weltweit führenden Zentren der noch jungen Branche der Elektrotechnik. Die 1858 begründete Firma Friedrich Heller produzierte vor allem auf dem Gebiet der Schwachstromtechnik

ZWEIRADINDUSTRIE

Enorme Bedeutung erlangte der Fahrzeugbau. Als um 1880 die ersten Fahrräder von England nach Nürnberg kamen, waren es Unternehmer wie Max Frankenburger, Max Ottenstein (Victoria-Werk AG) und Carl Marschütz (Hercules-Werke AG), die mit ihren Produkten das »Luxusgut« Rad zu einem alltagstauglichen Gebrauchsgegenstand machten. Zeitweise umfasste die Nürnberger Zweiradindustrie rund 1/3 der gesamten deutschen Produktion. Noch vor dem Ersten Weltkrieg nahmen traditionelle Fahrradhersteller wie Hercules, Victoria, die Mars-Werke und die Triumph-Werke als erste die Produktion von Motorrädern auf, die in den 1920er-Jahren zum Massenverkehrsmittel wurden. Etwa 50 Motorradfirmen, darunter große Namen wie Ardie, Hecker und die Zündapp-Werke GmbH hatten in Nürnberg und Umgebung ihren Sitz.

Die Nürnberger Hercules-Werke zählten zu den Branchenführern der Zweiradindustrie. – Postkarte des Firmenstands auf der Landesausstellung 1906 (StadtAN A 34 Nr. 2982).

vorwiegend Telefongeräte und -zubehör. Auch Hellers ehemaliger Lehrling Sigmund Schuckert gehörte zu den Branchenpionieren. Seine Installation von elektrischen Bogenlampen in der Kaiserstraße und am Josephsplatz am 7. Juli 1882 war die erste dauernd betriebene elektrische Straßenbeleuchtung in Deutschland.

Weithin berühmt im In- und Ausland wurde Nürnberg für seine Spielwarenindustrie. Auf Basis maschineller Massenproduktion florierte der Absatz von mechanischen Metallspielwaren wie Kreiseln, Trompeten, Puppengeschirr, Laternae Magicae, mechanischen Figuren, Dampfmaschinen, Eisenbahnen, Schiffen, Automobilen und Metallbaukästen. Neben den Gebrüdern Bing als um 1900 größte Spielwarenfabrik der Welt dominierten Firmen wie Johann Andreas Issmayer, Georges Carette, Gebr. Fleischmann, Ernst Plank oder Jean Schoenner die Blechspielzeugherstellung. Auch Zinnfiguren, Holzspielwaren, Abziehbilder und Spiele gehörten zum vielfältigen Fertigungstableau. Zu den Leitbranchen gehörte aber auch der von jüdischen Kaufleuten dominierte Hopfengroßhandel, der wiederum vom Ausbau des Eisenbahnnetzes profitierte.

Gesellschaftlicher Umbruch

Eng mit dem wirtschaftlichen Aufschwung ist die demographische Entwicklung verknüpft. Seit der zweiten Hälfte des 19. Jahrhunderts wuchs Nürnbergs Bevölkerung rasant an. Mit 50.828 Einwohnern hatte sich Nürnberg seit der Eingliederung in das Königreich 1849 mehr als verdoppelt. 1885 zählte die Noris mit 114.891 Einwohnern längst zu den Großstädten im Deutschen Reich und 1913 lebten 358.164 Menschen auf Nürnberger Stadtgebiet. Neben dem natürlichen Bevölkerungswachstum sowie dem Zuwachs durch Eingemeindungen zeichneten insbesondere Zuwanderer für den außerordentlichen Bevölkerungsanstieg verantwortlich. Das Gros der Zuwanderer kam aus der Oberpfalz und Oberfranken, aber auch aus außerbayerischen Gebieten und anderen deutschen Staaten. Auch aus dem nichtdeutschsprachigen Ausland deckten Zuge-

Die im maurischen Stil erbaute Synagoge wurde 1874 nach Plänen des Stadtbaurats Adolf Wolff errichtet. Zu diesem Zeitpunkt zählte die jüdische Gemeinde rund 2000 Mitglieder. – Fotografie um 1930 (StadtAN Nr. RF - 029 - F1 - 115).

wanderte die große Nachfrage nach einfachen Arbeitern sowie Fachkräften. Durch den Zuzug eines in der Regel arbeitsfähigen und flexiblen Menschentypus war Nürnberg eine ausgesprochen »junge« Stadt.

Als Folge der Zuwanderung veränderte sich die religiöse Zusammensetzung der Stadtbevölkerung. 1818 wurden 96,05 Prozent Protestanten und nur 3,73 Prozent Katholiken, 1910 lediglich noch 65,48 Prozent Protestanten und 31,05 Prozent Katholiken registriert. Zur Behebung des Seelsorgenotstands speziell in den Stadterweiterungsgebieten setzte um 1900 der Kirchenbau ein. 1902 stellte der Neubau der Herz-Jesu-Kirche in Lichtenhof den ersten katholischen Kirchenneubau seit der Reformation dar.

DIE RÜCKKEHR DER JUDEN

1850 erlangte der aus Markt Erlbach stammende Hopfenhändler Josef Kohn als erster Jude nach der Vertreibung 1499 in Nürnberg das Bürgerrecht. Hatte man noch wenige Jahrzehnte vorher aus Angst vor Konkurrenz Juden die Niederlassung in Nürnberg versagt, war deren wirtschaftlicher Beitrag zur Stadtentwicklung nun ausdrücklich erwünscht und mitverantwortlich für die Dynamik, mit der Hochindustrialisierung und Urbanisierung vonstattengingen. Dies leitete eine Blütezeit der jüdischen Gemeinde ein, deren Mitglieder sich insbesondere durch ihr vielfältiges gesellschaftliches und kulturelles Engagement sowie als Stifter und Mäzene auszeichneten. Manch städtisches Prestigeprojekt konnte auch aufgrund der außerordentlichen Spendenbereitschaft seitens der jüdischen Unternehmerelite umgesetzt werden. Von 1850 bis 1890 auf über 3 Prozent angewachsen, pendelte sich der jüdische Bevölkerungsanteil bis zum Beginn des Ersten Weltkriegs auf rund 2,3 Prozent ein und lag deutlich über dem Reichsdurchschnitt von nur 0,95 Prozent. Der Bau der Synagoge 1874 trug dieser Entwicklung Rechnung. Die im byzantinisch-maurischen Stil errichtete Hauptsynagoge wurde allgemein als *Zierde der Stadt* wahrgenommen und dokumentiert das Klima der religiösen Toleranz in Nürnberg um 1900. 1902 kam eine weitere Synagoge des orthodox ausgerichteten Vereins Adas Israel hinzu.

Das »Rote Nürnberg« – die Arbeiterhochburg

Mit der wachsenden Zahl an Fabrikarbeitern wurde Nürnberg als größte Industriestadt Süddeutschlands zusammen mit der Nachbarstadt Fürth zur Arbeiterhochburg im noch weitgehend bäuerlich geprägten Bayern. 1907 verdienten allein 73 Prozent aller Erwerbstätigen in Nürnberg ihr Brot durch Fabrikarbeit. Weltanschaulich identifizierte sich der Großteil der Arbeiterschaft mit den Zielen der Sozialdemokratie, in Nürnberg geführt und geprägt vom Reichstagsabgeordneten Karl Grillenberger.

Bereits 1861 hatte sich ein Nürnberger Arbeiterverein mit liberaler Ausrichtung konstituiert. 1866 spalteten sich radikale Kräfte als Arbeiterbildungsverein ab und stießen 1869 zur neugründeten Sozialdemokratischen Arbeiterpartei. Zahlreiche sozialdemokratisch ausgerichtete Organisationen übernahmen die Interessenvertretung der Arbeiterschaft wie ab 1884 der »Wahlverein zur Erzielung volksthümlicher Wahlen für Reichstag, Landtag, Gemeinde etc. für den Reichstagswahlkreis Nürnberg«. Er trug der Tatsache Rechnung, dass in Nürnberg die Arbeiter praktisch vom kommunalen Wahlrecht ausgeschlossen waren. Denn wahlberechtigt war nur, wer das Bürgerrecht besaß, dessen Erwerb wiederum an hohe Gebühren gekoppelt war. Deswegen erfolgte die Gründung des »Vereins zur Erwerbung des Staatsangehörigkeits-, Heimats- und Bürgerrechts«. Aber erst mit der Wahlrechtsänderung 1908 trug der Einzug von zehn Sozialdemokraten in das Rathaus der veränderten politischen Mehrheit Rechnung.

Neben den politischen Aktivitäten setzten zahlreiche Arbeitervereine der bürgerlich-konservativen Welt bewusst eine eigene Arbeiterkultur entgegen. Vor allem nach der Aufhebung der Sozialistengesetze und der Entlassung Bismarcks 1890 bediente das reiche Vereinsspektrum angefangen vom Geselligkeitsverein über Gesangsvereine bis hin zu Bildungsvereinen und Sportclubs nahezu alle Interessen.

Auch die Frauenrechtsbewegung hat in Nürnberg starke und vielfältige Wurzeln. Für die bürgerliche Frauenbewegung wurden Helene von Forster und die zweifach promovierte Lehrerin Bertha Kipfmüller u. a. mit dem 1893 gegründeten

Verein Frauenwohl zu Vorkämpferinnen. Die gewerkschaftlich-sozialdemokratische Klientel vertrat als erste Arbeitersekretärin Deutschlands Helene Grünberg. Sie rief in Nürnberg zudem die erste Gewerkschaft für Dienstboten ins Leben. Kernforderungen waren die Einführung des Frauenwahlrechts und bessere Arbeitsbedingungen für Frauen. Infolge des Frauenwahlrechts konnten 1919 erstmals sechs Frauen in den Nürnberger Stadtrat einziehen – mehr als im Reichsdurchschnitt. In den 1920/30er-Jahren engagierten sich mutige Frauen wie Agnes Gerlach, Rosine Speicher oder die Jüdinnen Anna Steuerwald-Landmann und Elise Hopf für Belange, Bildung und Selbstbestimmung von Frauen.

Urbanisierung

Infolge des rasanten Wirtschafts- und Bevölkerungswachsums reichte der Platz innerhalb der Stadtmauern und in den stadtnahen Vororten längst nicht mehr, um dem Raumbedarf von Industrie, Gewerbe und Menschen gerecht zu werden. Auch die strukturellen Bedingungen hinkten den Erfordernissen der Zeit hinterher. So blieb Nürnberg bis 1866 Waffenplatz, alle Stadttore mussten stets militärisch bewacht und nachts verschlossen sein. Erst die Aufhebung des Festungsstatus beendete diesen die Stadtentwicklung hemmenden Anachronismus. Eine heftige, in weiten Teilen der Gesellschaft geführte Diskussion um die Einlegung der Stadtmauer, etwa zugunsten eines Ringstraßenprojekts, entspann sich, in deren Verlauf sich der »Verein für Geschichte der Stadt Nürnberg« gründete. Letztendlich blieb die Stadtbefestigung in ihren wesentlichen Teilen erhalten und bildet bis heute ein Kernelement des Stadtbildes. Die Öffnung der Altstadt durch Stadtmauerdurchbrüche brachte die wichtige Vernetzung des Stadtraumes, insbesondere die Anbindung der südlichen Vorstädte. Denn die Errichtung des Staatsbahnhofs der Nord-Süd-Bahn ab 1844, des späteren Hauptbahnhofs, vor dem Frauentor hatte der industriellen Expansion nach Süden den Weg vorgezeichnet.

INDUSTRIELLE EXPANSION NACH SÜDEN
Der Standort des Centralbahnhofs vor dem Frauentor veränderte die Gewichte der beiden Stadthälften: Die bis dahin unbedeutendere Lorenzer Stadtseite avancierte zur »City«, während die Sebalder Seite zunehmend an wirtschaftlicher Bedeutung verlor. Gleichzeitig wuchs die Stadt in Richtung Süden. Prägten bisher Dörfer und Herrensitze das Gebiet der Südstadt, eroberten seit der Jahrhundertmitte mehr und mehr Fabriken, Arbeiterwohnquartiere und Folgeeinrichtungen die ehemaligen Vororte. Ausreichende Landreserven sowie die Nähe zum zukunftsträchtigen Massentransportmittel »Eisenbahn« zeichneten für diesen Wandel verantwortlich. Insbesondere exportorientierte, übernational agierende Firmen waren auf den Standortvorteil »Bahn« angewiesen. Als einer der ersten verlegte 1879 Sigmund Schuckert seinen Betrieb von der Schwabenmühle in den Süden an die Schloßäckerstraße; eine weitere Fabrik der Schuckert & Co. KG wurde 1890 in der Landgrabenstraße bezogen, und 1912 verlegte die Siemens-Schuckertwerke GmbH die Transformatorenproduktion in ein eigenes Werk an die Katzwanger Straße. Dorthin erfolgte bis 1901 auch die Verlegung der MAN von Wöhrd. Zur Entlastung des Hauptbahnhofs und des Güterbahnhofs wurde zudem 1903 im Forstbezirk Lichtenhof der Rangierbahnhof als damals größter Gefällebahnhof der Welt eröffnet, der sich von Langwasser bis Gibitzenhof erstreckt.

HINTERGRUND

1825 leitete die erste große Eingemeindungsaktion die Stadterweiterung ein. Mit den Gemeinden Gostenhof, Wöhrd, Gärten bei Wöhrd, Gleißhammer, Teilen von Sündersbühl, St. Johannis, Galgenhof, Bleiweiß und Maxfeld kamen wichtige Industrievororte zum Stadtgebiet, das nun über die alten Stadtmauern hinauswuchs. Das Stadtgebiet vergrößerte sich von 160 auf 988 Hektar. Allen voran stellten Gostenhof und Wöhrd wichtige überregional bedeutsame frühindustrielle Zentren dar.

1865 wurden die Vororte Steinbühl und Rennweg eingemeindet. 1898 wurde Sündersbühl gänzlich übernommen. Dies war insbesondere wegen der Errichtung des städtischen Schlachthofes an der Rothenburger Straße notwendig geworden.

GOSTENHOF – WIEGE DER INDUSTRIALISIERUNG

Meilensteine der Verkehrsgeschichte bewirkten den wirtschaftlichen Aufschwung Gostenhofs. Hier startete 1835 die erste Eisenbahn Deutschlands von Nürnberg nach Fürth und wurde mit dem Ludwigsbahnhof der erste Bahnhof Deutschlands errichtet. Darüber hinaus lag Gostenhof mit der Inbetriebnahme der Nord-Süd-Bahn von München nach Bamberg 1844 direkt an der staatlichen Eisenbahnstrecke und in nächster Nähe zum Güterbahnhof. Bereits 1843 hatte Nürnberg mit der Eröffnung des Ludwig-Donau-Main-Kanals sowie des Kanalhafens am Südrand von Gostenhof Zugang zu einem modernen Massentransportmittel erhalten. Ein weiterer Markstein deutscher Technikgeschichte kam 1847 hinzu, als am Plärrer das erste Gaswerk Bayerns in Gostenhof errichtet wurde.

Die größte Einverleibungsaktion fand 1899 statt und erweiterte die Stadt gleich um 13 Landgemeinden: Schniegling, Wetzendorf, Thon, Kleinreuth h. d. V., Großreuth h. d. V., Schoppershof, Erlenstegen, Mögeldorf, Gleißhammer, Gibitzenhof, Schweinau, Großreuth bei Schweinau, Höfen, Muggenhof, Leyh, Gaismannshof und Eberhardshof. Dadurch wuchs die Einwohnerschaft auf 236.000 Menschen an; das Stadtgebiet vergrößerte sich um das Vierfache von 1.298 Hektar auf 5.444 Hektar.

Die erste planmäßige Stadterweiterung erfolgte ab 1859 mit der bürgerlich-eleganten Marienvorstadt, die sich aufgrund der Bahnhofsnähe bald auch als Hotspot des Hopfenhandels etablierte. Nach 1871 führte die zweite große Phase der Stadterweiterung innerhalb des Burgfriedens zur vollständigen Bebauung nach Baulinienplänen im Rechteckschema des Straßengrundrisses. Die Bautätigkeit vor den Mauern überstieg 1885 erstmals die der noch von hoher Wohndichte geprägten Altstadt. Im Jahr 1900 wohnten bereits viermal mehr Nürnberger vor den Stadtmauern als dahinter. Die zwischen 1905 und 1910 begonnenen Siedlungen der Gartenstadt, der Werderau und der Rangierbahnhofsiedlung markieren die dritte Stadterweiterungsphase vor dem Ersten Weltkrieg.

Fortschrittliche Stadtoberhäupter

Verstädterung und Industrialisierung forderten zunehmend eine Wendung von der obrigkeitsstaatlichen Hoheitsverwaltung hin zur planenden Leistungsverwaltung, der Daseinsvorsorge. Seit 1869 räumte die bayerische Gemeindeordnung den Kommunen ein weitgehendes Selbstverwaltungsrecht ein und befreite sie aus staatlicher Vormundschaft. In einem Zwei-Kammer-System übernahm nun der Magistrat, an dessen Spitze der Erste Bürgermeister stand, die eigentlichen Verwaltungsaufgaben. Das Kollegium der Gemeindebevollmächtigten vertrat die Bürgerschaft.

Von großer Bedeutung für Nürnbergs Stadtentwicklung war es, dass gerade die Zeit des wirtschaftlichen Umbruchs und der politischen Neuorientierung in die Ägide zweier energischer und fortschrittlicher Stadtoberhäupter fiel. Von 1867 bis 1891 lenkte Otto Freiherr von Stromer die Geschicke der Stadt, und sein Nachfolger Dr. Georg Ritter von Schuh blieb bis 1913 im Amt. Beide zeigten sich außerordentlich aufgeschlossen für die Bedürfnisse der wachsenden Industriemetropole. Einen Meilenstein in Stromers Amtszeit markiert die Kommunalisierung des in privater Regie betriebenen Gaswerks 1871. Damit wurde der Weg frei für entscheidende Erweiterungen. Zudem wurde 1881 mit der Pferdebahn der Grundstein zum öffentlichen Nahverkehr gelegt. Den Ausbau des Streckennetzes und die Elektrifizierung vollzog sein durchsetzungsfähiger Nachfolger. Denn vor allem Georg von Schuh verlieh Nürnberg eine leistungsstarke Infrastruktur und schuf die notwendigen Instrumentarien einer modernen Leistungsverwaltung.

In seine Amtszeit fielen u. a. die Sicherung der Wasserversorgung durch die Erschließung der Rannaquelle, der Bau des städtischen Krankenhauses und die Eröffnung eines modernen Schlachthofs. Den steigenden Energiebedarf der wachsenden Industriegesellschaft befriedigte das 1904 eröffnete Gaswerk in Sandreuth und mit der Errichtung des kommunalen Elektrizitätswerks stellte sich die Stadtverwaltung an die Spitze der technischen Neuerungen der Zeit. Die Kommunalisierung der Kehrichtabfuhr und Grubenentleerung und schließlich der Bau von Kanalisation und Kläranlage passten die sanitären und hygienischen Zustände zeitgenössischen Qualitätsstandards an. Hinzu kam der Bau des Volksbades als weiterer Markstein verbesserter Lebensqualität. Nach seiner Schließung 1994 und diversen Zwischennutzungen wird das Schwimmbad derzeit saniert, um künftig im Sinne seiner Bestimmung wieder den Betrieb aufzunehmen.

DIE LANDESAUSSTELLUNGEN – MOTOREN DER STADTENTWICKLUNG

Gleichsam als Leistungsnachweise der Verwaltung und Motor für die Stadtentwicklung fungierten die drei großen Landesausstellungen in Nürnberg. In mehrfacher Hinsicht markiert bereits die erste »Bayerische Landes-Gewerbe-Industrie- und Kunstausstellung« 1882 eine Zäsur im Ausstellungswesen, lieferte sie doch eine Zusammenschau aller Landesprodukte und ein differenziertes Bild der Verflechtungen von Produktion, Bildungswesen, Verkehr, Handel, Wissenschaft usw. Die Ausstellung bestätigte nicht nur Nürnbergs Rolle als Handels-, Produktions- und Innovationszentrum, sie illustrierte auch den Wandel Bayerns vom rückständigen Agrar- zum modernen Industriestaat mit Nürnberg als Motor. Die stadträumliche Erschließung des Veranstaltungsortes Maxfeld zählt zu den bleibenden Errungenschaften. Die »Bayerische Landes-Gewerbe-Industrie- und Kunstausstellung« 1896 fand ebenfalls dort statt und brachte mit der Elektrifizierung der Straßenbahn der Stadt einen entscheidenden Modernisierungsschub. Zur weltweiten Image-Kampagne für die Noris dank einer vorzüglichen Präsentation von Stadt, Staat und Wirtschaft avancierte die Jubiläumsausstellung 1906. Mit ihrer Durchführung empfahl sich die fränkische Industriemetropole nicht nur als Messestandort, sondern gab sich nun 100 Jahre nach der Einverleibung der ehemaligen Reichsstadt in das Königreich Bayern betont staatsloyal: Das Ausstellungsareal, ein ehemaliger Kehrichtplatz im entlegenen Süden der Stadt, wurde nach Prinzregent Luitpold, dem Schirmherrn der Veranstaltung, benannt. Mit der Erschließung des Luitpoldhains als Erholungspark wurde die Südstadt verkehrstechnisch mit der Kernstadt vernetzt. Die Eröffnung des alten Tiergartens am Dutzendteich sollte 1912 die südliche Stadtperipherie als Naherholungsgebiet nochmals aufwerten.

Nürnberg von Süden. Im Vordergrund fährt die staatliche Nord-Süd-Bahn in Richtung Bamberg. Vor dem Hintergrund der historischen Stadtsilhouette erstrecken sich als Attribute der Industrialisierung rauchende Schornsteine. – Stich von Jobst Riegel nach Zeichnung von Georg Christoph Wilder um 1844 (StadtAN Av 547.8).

Dem großstädtischen Repräsentationsbedürfnis trug eine Reihe prestigeträchtiger Bauprojekte Rechnung wie das Stadttheater, die Erweiterungen des Rathauses, das Künstlerhaus, das Luitpoldhaus und die Fränkische Galerie. Wie kein anderer verstand es Schuh, bei Mäzenen Geld für kulturelle und soziale Projekte einzuwerben. Eine Reihe von Brunnen und Denkmälern entstand, so etwa das Prinzregent-Luitpold-Denkmal vor dem Hauptbahnhof als sinnfälliges Symbol dafür, dass die ehemalige Reichsstadt im Königreich Bayern angekommen war.

Mit Blick auf die sozialen Härten der Industriegesellschaft entwickelte die Nürnberger Stadtverwaltung erste Ansätze für eine kommunale Sozialpolitik, wie sie sich nach dem Ersten Weltkrieg ausformen sollte. Die traditionelle Armenpflege erhielt mit der Kinder- und Jugendfürsorge, Schulgesundheitspflege, Hilfen für Einkommensschwache, Kranke und Kinderreiche und vor allem der Lungenfürsorge erste Impulse. Insbesondere der Schulhausbau mit einer Reihe modern ausgestatteter Neubauten avancierte zum Leistungsbeleg der Stadtverwaltung.

Das gespaltene Nürnberg-Bild

Alt-Nürnberg, bereits von Tieck und Wackenroder romantisch wiederentdeckt, erlebte im 19. Jahrhundert als »Schatzkästlein des Deutschen Reiches« eine Neuausrichtung. Die Rückbesinnung auf die reichsstädtische Vergangenheit als kultureller Gegenentwurf zur Lebensrealität der Industrie- und Arbeiterstadt gewann vielfältig Profil wie 1852/53 in der Gründung des Germanischen Nationalmuseums als Sammlung zum Kulturgut des deutschsprachigen Raums, 1868 in Richard Wagners Oper »Die Meistersinger von Nürnberg« oder 1878 in der Gründung des »Vereins für Geschichte der Stadt Nürnberg«.

Durch die Zuwanderung änderte sich der Stadtcharakter. Insbesondere der wachsende Anteil an nicht deutschen Zugewanderten konterkarierte zunehmend das Bild Nürnbergs als »deutscheste aller Städte«. Nürnbergs Rolle als Hochburg der deutschen Arbeiterbewegung leitete schließlich einen Paradigmenwechsel des Stadt-Images ein und setzte der Verklärung der Stadt ein proletarisches Idealbild entgegen, das der Arbeiterdichter Karl Bröger in dem Vers »Aus Stahlgeleis und Eisenschienen klingt/ das Lied, das uns die Stadt am Tage singt« zum Ausdruck brachte. Schroff und unvermittelt stand in der öffentlichen Wahrnehmung das neue Nürnberg-Bild als »industrielles Herz Bayerns« und »rotes Nürnberg« dem traditionellen Nürnberg-Bild gegenüber.

Im Selbstverständnis der Stadt selbst standen die Erinnerung an die Vergangenheit und der Weg in die Moderne nicht unbedingt im Widerspruch, zeigen doch viele sogenannte Rauchbilder in ihrem Bildprogramm sowohl Schornsteine als auch die Burgsilhouette als Symbole zweier Welten nebeneinander.

Krisen und Katastrophen: *Vom Ersten zum Zweiten Weltkrieg*

Krisen und ihre Bewältigung: *Die Ära Luppe*

Der Erste Weltkrieg brachte massive gesellschaftspolitische, soziale und wirtschaftliche Einschnitte mit sich. 1920 folgte Dr. Hermann Luppe, einer der renommiertesten deutschen Kommunalpolitiker und Mitbegründer der Deutschen Demokratischen Partei, Dr. Otto Geßler im Amt. Geßler hatte mit Umsicht die Geschicke der Stadt in den schwierigen Jahren des Ersten Weltkriegs gelenkt. Zudem bewahrte sein besonnenes Handeln Nürnberg vor den radikalen Veränderungen einer Räterepublik. 1919 wechselte Geßler als Reichsminister für Wiederaufbau nach Berlin. Sein Nachfolger Hermann Luppe trat ein schweres Erbe an. Es galt, die kriegsbedingte Zwangswirtschaft in zivile Bahnen zu lenken und die von Mangel geprägte Ernährungssituation zu verbessern. Zudem verschärfte die Rückkunft der Kriegsteilnehmer sowie der Zuzug von deutschen Flüchtlingen aus den abgetretenen Gebieten die ohnehin angespannte Wohnungssituation, war doch die Bautätigkeit während des Krieges nahezu zum Erliegen gekommen.

Infolge der ungedeckten Kreditfinanzierung des Ersten Weltkriegs zählten die Auswirkungen der Inflation zu den schweren Hypotheken der jungen Weimarer Republik. Das Missverhältnis von Geldumlauf und Güterangebot wurde durch die hohen Reparationsleistungen in Gold und Waren noch verschärft. Noch bevor die Inflation im November 1923 ihren Höhepunkt erreichte, kostete 1922 in Nürnberg eine Kernseife rund 800 Mark, und 1923 reichte der Tageslohn eines Arbeiters gerade für einen Laib Brot. Nicht nur die Sparguthaben der Bevölkerung wurden dramatisch entwertet, auch die Stadt Nürnberg büßte ein Drittel ihres kommunalen Vermögens ein, und das beträchtliche Stiftungsvermögen schmolz zusammen. Zu den finanziellen Einbußen – viele Menschen sanken durch den Verlust ihrer Ersparnisse in die Armut ab – kam ein erheblicher Vertrauensverlust in die Politik. Erst die Einführung der Rentenmark 1923 gab der Wirtschaft und dem Alltagsleben wieder eine solide Basis.

Trotz der schwierigen Rahmenbedingungen erlebte die Pegnitzstadt gerade unter der Ägide Luppes eine kulturelle und städtebauliche Blüte. Hinzu kam ein Modernisierungsschub in der Verwaltung. Schon 1919 war das städtische Wohlfahrtsamt gegründet worden, dessen Leiter Hermann Heimerich mit Luppe die Armenfürsorge alten Stils zur modernen städtischen Sozialfürsorge umformte. Mit der Professionalisierung des Wohlfahrtswesens ging auch die Entstigmatisierung der Obdachlosen- und Wanderarbeiterfürsorge einher, ebenso linderte die Armen-, Jugend- und Kinderfürsorge u. a. mit Kinder-

HINTERGRUND

DIE PRODUKTIVE ERWERBSLOSENFÜRSORGE – EIN BESCHÄFTIGUNGSMODELL DER ÄRA LUPPE

Zu den größten sozialen Herausforderungen der Weimarer Republik zählte die Bewältigung der Massen-Langzeitarbeitslosigkeit. Die Notwendigkeit der Wiedereingliederung der Kriegsheimkehrer in den zivilen Arbeitsprozess, die Entlassung der Rüstungsarbeiterinnen und -arbeiter sowie konjunkturelle Einbrüche führten nach Kriegsende zu einem deutlichen Missverhältnis von Angebot und Nachfrage auf dem Arbeitsmarkt.

Neben materieller Unterstützung entwickelte die Stadt Nürnberg neue Beschäftigungsmodelle wie das der produktiven Erwerbslosenfürsorge. Im Rahmen sogenannter Notstandsarbeiten wurden Erwerbslose etwa bei Infrastrukturprojekten im Lorenzer Reichswald eingesetzt. Brachflächen in Altenfurt, Moorenbrunn und Langwasser wurden urbar gemacht, bewirtschaftet und die Ernte verkauft. Aufgrund von Anfangsfehlern fiel die erste Kartoffelernte dürftig aus, und die kleinen Erdäpfel wurden als »Luppe-Kartoffeln« verspottet. Mit der Professionalisierung der Arbeiten verbesserten sich auch Menge und Qualität der Erträge. Sogar ein Landwirtschaftsbetrieb mit Schweinezucht wurde aufgebaut.

speisungen und Erholungsaufenthalten vielfach die Not. 1920 rief die Stadt Nürnberg das erste Gesundheitsamt Bayerns ins Leben. Weitere Schwerpunkte der städtischen Sozialpolitik markierten die Tuberkulosebekämpfung und die Erweiterung des Krankenhauses.

Der kommunale Wohnungsbau erhielt 1918 mit der Gründung des »Nürnberger Wohnungsbauvereins«, ab 1922 Wohnungsbaugesellschaft Nürnberg (Wbg), wegweisende Impulse. Bis 1942 wurden 6.829 Wohneinheiten u. a. in der Ostendstraße, am Nordbahnhof, in Gibitzenhof und am Nordostbahnhof errichtet. Wirtschaftskrise und Arbeitslosigkeit veranlassten die Stadt zudem, auch im Wohnungsbau Notstandsarbeiten ausführen zu lassen. Es entstanden Kleinwohnungssiedlungen in Eibach, Gebersdorf und am Hasenbuck. Das Siedlungswerk Nürnberg betrieb den Bau der Siedlungen Loher Moos und Buchenbühl. Fortschritte im Ausbau des öffentlichen Nahverkehrs brachten die Erweiterung des Streckennetzes der Straßenbahn und der Einsatz von Omnibussen.

Neue Ansätze auf den Gebieten von Sport, Bildung und Kultur kennzeichnen die Errichtung des städtischen Amtes für Leibesübungen sowie die Gründung der Handelshochschule und der Volkshochschule. Weltweit Anerkennung erhielt Nürnberg 1928 für das überaus erfolgreiche Dürerjahr anlässlich des 400. Todestags Albrecht Dürers mit einer Vielzahl an Veranstaltungen rund um eine große Dürer-Ausstellung des Germanischen Nationalmuseums. Im selben Jahr trug die Noris mit der Eröffnung des neuen Stadions ihrem Ruf als »deutsche Sporthochburg« Rechnung. Als Flaggschiff fungierte natürlich der 1900 gegründete 1. FCN. In den Jahren 1920, 1921, 1924, 1925, 1927 und 1936 gewann der »Club« die deutsche Fußballmeisterschaft, 1935 und 1939 den neu geschaffenen Vereinspokal. 1961 und 1968 sollte der Verein noch zweimal den deutschen Fußballmeistertitel nach Nürnberg holen sowie 1962 und 2007 den DFB-Pokal. Aber auch Leichtathleten, Kraftsportler wie Ringer und Gewichtheber und nicht zuletzt Radfahrer trugen zum sportlichen Renommee bei.

Bevölkerungszunahme, wachsende Bautätigkeit sowie die rapide Zunahme des motorisierten Individualverkehrs, nicht zuletzt mit verursacht durch die florierende Nürnberger Zweiradindustrie, erforderten planerische Eingriffe in die Raumentwicklung. Von Oberbürgermeister Luppe beauftragt, legte 1926 der Berliner Professor für Städtebau Hermann Jansen einen Generalbebauungsplan vor, dessen oberste Priorität die Bewahrung der Altstadt war. Für die langfristige Entwicklung Nürnbergs mit kalkulierten 700.000 Einwohnern wurden erstmals Wohn- und Gewerbeflächen sowie die Grundlagen der künftigen Verkehrsstruktur verbindlich festgelegt. Vieles sollte später umgesetzt werden wie z. B. ein Handels- und Industriehafen, ein Hauptverkehrsnetz mit einer Schnellstraße auf der Trasse des alten Ludwig-Donau-Main-Kanals, der spätere Frankenschnellweg, sowie die Verlegung des Durchgangsverkehrs von der Innenstadt auf eine Ringstraße. Auch die Stadterschließung nach Südosten, wie sie mit Langwasser realisiert werden sollte, war hier schon angedacht.

Es war vor allem das Verdienst Luppes, dass die Pegnitzstadt im Bauwesen einen mutigen Weg einschlug. Internationale Beachtung fand etwa das auf der Zeppelinwiese errichtete Stadiongelände, dessen moderne Anlagen 1928 anlässlich der Olympischen Spiele mit der Goldmedaille ausgezeichnet wurden. Für die Hochbauten zeichnete Oberbaurat Otto Ernst Schweizer verantwortlich, der mit dem Arbeitsamt, dem Planetarium und dem Milchhof weitere moderne, dem Neuen Bauen verpflichtete Akzente im Stadtbild schuf.

Architektonische Marken setzten überdies der Berliner Architekt Erich Mendelsohn mit dem Kaufhaus Schocken (1926) am Aufseßplatz in der Südstadt, Ludwig Ruff mit dem Phoebus-Palast (1927) als damals größtem Lichtspieltheater der Stadt und Paul Seegy mit der Sternwarte (1930/31) am Rechenberg. Auch Sakralbauten wie die Friedenskirche (1928) in St. Johannis und die Gustav-Adolf-Gedächtniskirche (1930) im Stadtteil Lichtenhof von German Bestelmeyer waren der Neuen Sachlichkeit verpflichtet.

Das Planetarium. Der markante Klinker-Rundbau in der Nähe des Rathenauplatzes wurde 1934 als Symbol der »Ära Luppe« von den Nationalsozialisten abgerissen. – Fotografie von 1927 (StadtAN A 38 Nr. B - 22 - 6).

Nach dem Ersten Weltkrieg betrug die Gesamtfläche der Stadt Nürnberg 6.585 Hektar. Gesundheitspolitische und vor allem bau- und verkehrspolitische Gesichtspunkte gaben Anlass, weitere Gebiete der Stadtumgebung einzugemeinden. Den Anfang machte 1920 Ziegelstein, zwei Jahre später folgten Buchenbühl und Loher Moos und weiterhin Reichelsdorf, Krottenbach, Röthenbach bei Schweinau und Eibach. Auch Orte im Knoblauchsland wurden nun Nürnberger Stadtgebiet: 1923 Almoshof, Lohe und Schnepfenreuth, 1924 Buch, 1928 Höfles und 1930 Kraftshof.

Bis 1930 hatte sich Nürnbergs Stadtgebiet auf 10.247 Hektar vergrößert und die Einwohnerzahl war von über 332.000 bei Kriegsende auf 412.000 im Jahr 1931 angewachsen.

Sozial-liberale Zusammenarbeit

Nach dem Selbstverwaltungsgesetz von 1919 ging aus den Gemeindewahlen der Stadtrat hervor, der wiederum die Bürgermeister und Berufsmäßigen Stadträte wählte. Die SPD mit zeitweise fast 20.000 Mitgliedern und sicherer Mehrheit in allen

FÜRTH DEN FÜRTHERN – DIE GESCHEITERTE EINGEMEINDUNG

Nicht geglückt ist die Eingemeindung der Stadt Fürth, die beide Stadtverwaltungen seit 1920 ernsthaft berieten. Mehrmals vorher waren Verhandlungen am Widerstand des Nürnberger Magistrats oder der *kochenden Fürther Volksseele* gescheitert. Insbesondere in Hinblick auf eine gemeinsame Entwicklung der zusammenwachsenden Stadtgebiete gelang 1922 auf Verwaltungsebene eine Einigung. Sie blieb letztendlich eine Rechnung ohne den Wirt – die Fürther. Denn eine Volksabstimmung in der Kleeblattstadt verhinderte die Umsetzung. Bis heute gehört die Rivalität zwischen Nürnberg und Fürth zur kulturellen Identität beider Städte und wird – hierin besteht beiderseitiges Einvernehmen – intensiv gepflegt und gewissenhaft tradiert. Glanzlichter der kultivierten Animosität waren die insbesondere in der ersten Hälfte des 20. Jahrhunderts ausgetragenen Fußballderbys des 1. FC Nürnberg und der Spielvereinigung Fürth.

Wahlen wurde zum Hauptträger der sozial-liberalen Kommunalpolitik unter Oberbürgermeister Hermann Luppe. Dem Sozialdemokraten Martin Treu kam dabei als Vermittler eine Schlüsselrolle zu. Treu war 1908 in das Kollegium der Gemeindebevollmächtigten und 1909 als jüngstes Mitglied in das Magistratskollegium eingetreten. An Luppes Seite wirkte er 1919 bis 1929 als ehrenamtlicher und bis 1933 als berufsmäßiger Bürgermeister.

Die sozial-liberale Kooperation machte Nürnberg zum Gegenentwurf der konservativen, zum Teil sogar reaktionären Staatsregierung in München. Das sozialdemokratische Milieu prägte Nürnberg wie keine andere Stadt in Bayern. Erst im Zuge der Weltwirtschaftskrise büßten SPD und Gewerkschaften an Einfluss ein, während KPD und vor allem NSDAP an Boden gewannen. Gerade in den industriellen Ballungsräumen nahmen die Wähler der NSDAP kontinuierlich zu. Sie rekrutierten sich hauptsächlich aus dem Mittelstand und dem Bürgertum, die vor dem Hintergrund wachsender wirtschaftlicher Not zutiefst verunsichert ihr Heil bei den Versprechungen der Hitlerpartei suchten. Besonders in den besseren und guten Wohnvierteln Nürnbergs wie am Luitpoldhain und am Stadtpark votierten überdurchschnittlich viele Bewohner für Hitler.

Luppes produktive Zusammenarbeit mit den Sozialdemokraten sowie sein kompromissloses Eintreten für die Demokratie setzten ihn den gehässigen Angriffen der Nationalsozialisten, insbesondere Julius Streichers aus.

Die Ernennung Adolf Hitlers zum Reichskanzler 1933 läutete das Ende der Weimarer Republik ein und ebnete den Nationalsozialisten den Weg zur Macht. Als nach einer Reichstagsauflösung für den 5. März 1933 erneut Wahlen ausgeschrieben wurden, offenbarte der Wahlkampf noch einmal die extreme politische Polarisierung in Nürnberg. »Das rote Nürnberg marschiert!« titelte am 13. Februar 1933 die Fränkische Tagespost, die über die Massenkundgebung der »Eisernen Front«, eines Zusammenschlusses von Republikanern, Gewerkschaften und Demokraten, vom Vortag berichtete. Rund 60.000 Menschen waren am Hauptmarkt öffentlich für die Republik eingetreten. Immerhin konnte die SPD noch einmal ihr Wählerpotential mobilisieren und erreichte in Nürnberg 32,7 Prozent, während der Reichsdurchschnitt bei 18,3 Prozent lag. Klarer Sieger war allerdings die NSDAP mit in Nürnberg 41,7 Prozent. Eine demokratisch legitimierte, absolute Mehrheit errang die NSDAP in Nürnberg nie.

BIOGRAFIE

JULIUS STREICHER

In Nürnberg gründete der Antisemit und spätere Gauleiter Julius Streicher 1922 eine NSDAP-Ortsgruppe. Unter dem selbst ernannten »Frankenführer« errangen die Nationalsozialisten zunehmend Erfolge. Insbesondere Streichers antisemitisches Hetzblatt »Der Stürmer« weckte und forcierte judenfeindliche Tendenzen im bislang mehrheitlich demokratisch-republikanischen Stadtmilieu. Nicht zuletzt wegen der starken Präsenz der NSDAP vor Ort veranstaltete die Partei 1927 erstmals einen Parteitag in Nürnberg. Damit war der Grundstein für die spätere Bestimmung Nürnbergs zur »Stadt der Reichsparteitage« gelegt. Streicher, bereits 1940 weitgehend entmachtet, wurde 1945 vor dem Internationalen Militärtribunal in Nürnberg für seine Verbrechen zur Verantwortung gezogen und hingerichtet.

Machtergreifung der NSDAP und Gleichschaltung

Nach der Reichstagswahl am 5. März 1933 übernahmen die Nationalsozialisten auf allen politischen Ebenen und in allen gesellschaftlichen Bereichen die Macht. Bürgermeister Martin Treu wurde zum Rücktritt gezwungen und Oberbürgermeister Hermann Luppe seines Amtes enthoben. An seine Stelle trat der bisherige NSDAP-Fraktionsführer Willy Liebel. Im Stadtrat wurden nur noch NSDAP-Mitglieder geduldet. Etwa 250 Kommunisten wurden verhaftet und ins KZ Dachau verschleppt, ebenso führende Sozialdemokraten. Ihre Partei wurde am 22. Juni 1933 verboten. Unter dem Druck der Nationalsozialisten lösten sich bis Juli 1933 alle demokratischen Parteien auf.

Mit der sogenannten Gleichschaltung wurden alle Bereiche des sozialen, kulturellen und politischen Lebens den neuen Machtverhältnissen angepasst. Zahlreiche Beamte wurden wegen ihrer jüdischen Abstammung oder aus politischen Gründen entlassen. Wie überall im Reich wurden Regimegegner verfolgt, verhaftet und eingesperrt.

HINTERGRUND

»SÄUBERUNG« DER KULTUR

Auch das kulturelle Leben wurde gleichgeschaltet. Am 10. Mai 1933 inszenierten NS-Verbände eine öffentliche Bücherverbrennung am Hauptmarkt, wo auf einem Scheiterhaufen Bücher unerwünschter Autoren aus den städtischen Bibliotheken verbrannt wurden. Und zahlreiche Objekte der Städtischen Kunstsammlung, u. a. Werke von George Grozs, Otto Dix oder Max Slevogt, wurden in der Sonderausstellung »Nürnberger Schreckenskammer« als »entartet« diffamiert. Rund 130 Bilder und Grafiken aus städtischem Besitz, darunter Werke von Oskar Kokoschka und Ernst Barlach, beschlagnahmten die Nationalsozialisten, verkauften oder vernichteten sie.

Auch das Stadtbild wurde »bereinigt«, so musste gleich nach der Machtübernahme das Planetarium als Symbol der Ära Luppe seinen Betrieb einstellen und wurde 1934 auf Wunsch Streichers abgerissen. Auch die Nachbildung des Neptunbrunnens, eine Stiftung des jüdischen Hopfenhändlers Ludwig Gerngros, wurde vom Hauptmarkt, der nun als Adolf-Hitler-Platz firmierte, entfernt.

Nach Parteitagen der NSDAP 1927 und 1929 in Nürnberg stand die ehemals rote Hochburg seit 1933 als »Stadt der Reichsparteitage« endgültig im Rampenlicht der nationalsozialistischen Selbstinszenierung. Zwischen 1933 und 1938 fanden die Propagandaveranstaltungen alljährlich im September statt. Für die meist einwöchigen Staats- und Parteifeiern mit programmatischen Namen wie 1933: »Parteitag des Sieges« oder 1938: »Parteitag Großdeutschlands« schuf sich die NSDAP mit dem Reichsparteitagsgelände nach Plänen des Architekten Albert Speer eine monumentale Festkulisse.

Letztlich dienten die Reichsparteitage auch als logistische Vorbereitung auf den Krieg. Der »Parteitag des Friedens« wurde am 27. August 1939 abgesagt. Am 1. September 1939 entfesselte Hitler mit dem Überfall auf Polen den Zweiten Weltkrieg.

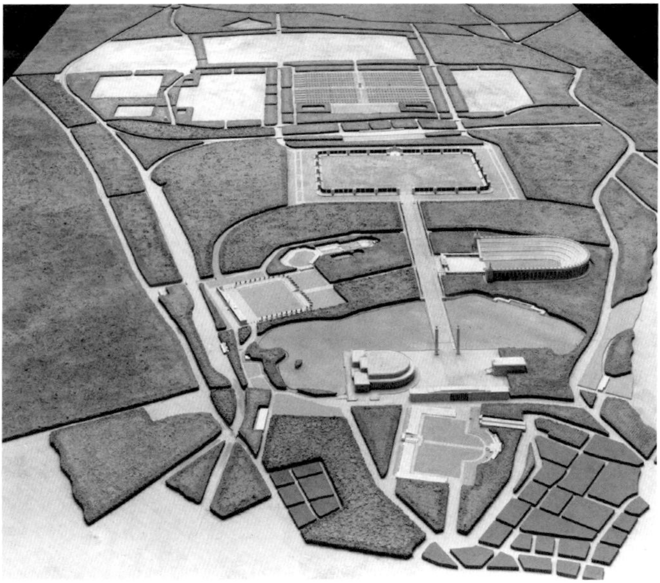

Modell des Reichsparteitagsgeländes, das sich vom Luitpoldhain bis nach Langwasser erstreckte. – Fotografie vor 1940 (StadtAN Nr. Repro 116 - 7).

REICHSPARTEITAGSGELÄNDE
Die Erschließung des Reichsparteitagsgeländes im Südosten Nürnbergs bedeutete einen gravierenden Eingriff in die Stadtstruktur. So musste der Tiergarten dem Großprojekt weichen, dem mit der Anlage von Zeppelintribüne, Zeppelinfeld und Luitpoldarena, dem Bau der Großen Straße und der Kongresshalle sowie dem Aushub der Baugrube für das Deutsche Stadion auch ein wichtiges Naherholungsgebiet zum Opfer fiel. Darüber hinaus blieb ein projektiertes Siedlungsprogramm in Langwasser auf der Strecke, dessen Gebiet als Areal für das »Märzfeld« und die Zeltlager der Teilnehmer vereinnahmt wurde. Rund eine Million Menschen nahmen durchschnittlich als Aktive aus den Parteigliederungen sowie als Zuschauer teil. Die Einschwörung der Massen auf den »Führer« Adolf Hitler sowie die Ritualisierung der Volksgemeinschaft waren zentrale Komponenten der Choreografie der Aufmärsche, Wehrübungen und pseudoreligiösen Kulthandlungen. Während des Zweiten Weltkriegs dienten große Teile des Geländes als Lager für Kriegsgefangene und Zwangsarbeiter, deren Zahl sich 1944 auf insgesamt nahezu 100.000 Menschen in der Stadt belief.

Die Vernichtung der Juden

Besonders zynisch mutet der Titel des »Reichsparteitags der Freiheit« 1935 an, anlässlich dessen die »Nürnberger Gesetze« verabschiedet wurden. Sie degradierten Juden zu Staatsbürgern zweiter Klasse und stellten Eheschließungen sowie außereheliche Beziehungen von Juden und »arischen« Deutschen unter strengste Strafe. Die Verfolgung der deutschen Juden trat auf dieser pseudolegalen Grundlage in eine neue Phase der systematischen Entrechtung. Schon am 1. April 1933 waren jüdische Geschäfte boykottiert worden, und im Zuge von »Säuberungsaktionen« verloren viele Juden ihre Arbeitsstelle. Noch im gleichen Jahr begann die als »Arisierung« bezeichnete Enteignung jüdischen Besitzes, in deren Rahmen sich Gauleiter Julius Streicher und seine Clique schamlos bereicherten.

Rund ein Vierteljahr vor der sogenannten Reichskristallnacht gaben Julius Streicher und Oberbürgermeister Willy Lie-

Die Synagoge in der Essenweinstraße wurde in der Pogromnacht vom 9.11.1938 völlig zerstört. – Fotografie von 1938 (StadtAN A 39 Nr. 79 - N).

bel das Startzeichen für den Abbruch der Hauptsynagoge am Hans-Sachs-Platz. Eine weitere Synagoge in der Essenweinstraße wurde in der Pogromnacht vom 9. November 1938 von NS-Horden niedergebrannt. Jüdische Wohnungen und Geschäfte wurden zerstört, Menschen schikaniert, misshandelt und getötet. Unter anderem vom Bahnhof Märzfeld aus – Teil der Infrastruktur des Reichsparteitagsgeländes – traten zwischen 1941 und 1944 in mehreren Deportationswellen all diejenigen ihren Weg in die Vernichtungslager an, die nicht in sichere Exilländer hatten fliehen können. Rechtzeitig emigrieren konnten zum Beispiel Carl Marschütz, Gründer der Zweiradfabrik Hercules, oder der renommierte Arzt Prof. Dr. Ernst Nathan. Andere kamen ums Leben wie die Brüder Dr. Richard und Martin Kohn, Angehörige der Nürnberger Bankiersfamilie. 2.373 Nürnberger sind als Opfer der Schoah dokumentiert. Nur 72 Nürnberger Juden überlebten den Holocaust.

LUFTSCHUTZ

Nürnberg rangierte bereits 1934 als »Luftschutzort I. Ordnung«. Bis Kriegsbeginn wurde der örtliche »Sicherheits- und Hilfsdienst« mit Löschkräften, Sanitätern, Bergungstrupps und einem Sprengkommando zur Blindgängerbeseitigung aufgebaut. Im Herbst 1940 startete das »LS-Führerprogramm« zum Bau bombensicherer Bunker für die Zivilbevölkerung. Kostenträger war das Reich, bei den Städten lagen Planung und Bauüberwachung. Ab 1940 errichtete das Hochbauamt die ersten Luftschutzbunker, vornehmlich in »Kellermangelgebieten« und an Verkehrsknotenpunkten. So versorgten den Süden Nürnbergs Hochbunker an der Landgrabenstraße, an der Bleiweißstraße sowie südlich der Werderau. Dem mittelalterlichen Stadtbild angeglichen wurden die Hochbunker in der Grübelstraße und in Wöhrd, und der Bunker Hohe Marter erinnert an die Architektur der vier runden Stadttürme. Weitere Bunker entstanden am Stadtrand in Thon, an der Leyher Straße, in Kleinreuth und am Theresienkrankenhaus. Trotz des sich ausweitenden Luftkrieges verfügte die Reichsregierung 1941 wegen Materialknappheit und Arbeitskräftemangel einen Baustopp für Zivilbunker. Nur noch Bunker für die städtische Frauenklinik und in der Gugelstraße konnten fertiggestellt werden.
Deshalb erhielten die vier runden Stadttürme, deren sechs Meter dicke Mauern bereits Schutz vor Bomben gewährten, stahlbewehrte Betondecken. Vor allem aber rettete eine andere Nürnberger Besonderheit zahlreichen Einwohnern das Leben: Die Felsengänge der nördlichen Altstadt, die seit dem Mittelalter in den Burgberg geschlagen worden waren, boten rund 15.000 Menschen Platz.

Luftkrieg

Der Kriegsbeginn am 1. September 1939 änderte zunächst wenig im Alltag der Nürnberger. Die Verdunkelungspflicht trat in Kraft, Vergnügungs- und Bildungsangebote wurden reduziert und die städtischen Versorgungseinrichtungen schränkten ihren Betrieb ein. Unter Aufsicht von Oberbürgermeister Willy Liebel wurden die 1938 von Wien nach Nürnberg zurückgeführten Reichskleinodien 1940 bombensicher untergebracht.

Die Architektur des Hochbunkers »Hohe Marter« wurde den runden Stadtmauertürmen angeglichen. – Fotografie von 1944 (StadtAN Nr. K-23-13).

Mit dem ersten, von Briten geflogenen Großangriff in der Nacht zum 29. August 1942, der 136 Tote forderte, erreichte das Kriegsgeschehen auch Nürnberg. Während des Zweiten Weltkrieges wurden insgesamt 59 Luftangriffe registriert, die mit dem verheerenden Luftangriff vom 2. Januar 1945, der 1.829 Menschenleben und rund 6.000 Verletzte forderte sowie rund 100.000 Personen auf einen Schlag obdachlos machte, ihren grausigen Höhepunkt verzeichneten.

Ab 1943 wurden Teile der Nürnberger Bevölkerung systematisch evakuiert. Betroffen waren im Rahmen der »Kinderlandverschickungen« zunächst Kinder, wenig später Mütter mit Kleinkindern und ältere Menschen. Je mehr Zerstörungsgrad und Lebensgefahr in der Stadt zunahmen, desto häufiger kam es zu »wilden« Evakuierungen. Besonders Ausgebombte verließen massenweise die Stadt und stellten bei Kriegsende die Mehrheit der Evakuierten.

Die Rettung »beweglicher Kunstschätze«

In ganz Deutschland einmalig waren die Bergung der beweglichen Kunstschätze sowie die Sicherung einzelner ortsgebundener Baudenkmäler. Wo möglich wurden historische Baudenkmäler mit Splitterschutzwänden umhüllt, einbetoniert oder ummauert. Auf diese Weise konnten zum Beispiel das Sebaldusgrab, das Westportal an der Lorenzkirche und der Schöne Brunnen unbeschädigt erhalten werden.

Vielfach ignoriert wurde zudem die offizielle Empfehlung, bewegliche Kunstwerke aus der Stadt zu schaffen. Stattdessen wurden die Felsenkeller unter dem Paniersplatz und der Oberen Schmiedgasse sowie der Neutorturm als Kunstbunker herangezogen. Die Reichskleinodien, der Tucheraltar, das Männleinlaufen, der Englische Gruß, kostbare Glasfenster aus fast allen Kirchen, Brunnenfiguren, Drucke von Albrecht Dürer, Handschriften von Hans Sachs und viele andere unersetzliche Kunst- und Kulturgegenstände überdauerten dort unversehrt den Krieg. Auch etliche andere Institutionen brachten Kunstgegenstände von welthistorischer Bedeutung im Burgfelsen unter. Das Germanische Nationalmuseum rettete so den Behaim-Globus, die Universität Heidelberg die Manessische Handschrift und die Bibliothek in Wolfenbüttel mit dem Sachsenspiegel eines der ältesten deutschen Rechtsbücher. Auch von den Deutschen geraubte Kunstschätze wie der Krakauer Marienaltar von Veit Stoß wurden dort gesichert. Kein einziges in den Nürnberger Felsenkellern und Türmen geborgenes Kulturgut ging verloren, während viele auswärtig aufbewahrte Schätze verbrannten oder nach Kriegsende geplündert und zerstört wurden.

Nürnberg seit dem Zweiten Weltkrieg

Die Nachkriegszeit

Am 16. April 1945 erreichten amerikanische Panzer in Erlenstegen die Stadtgrenze. Nach wenigen Tagen des »Endkampfs« war am 20. April 1945 die Stadt erobert. Noch am selben Tag hielt die 3. US-Division auf dem Hauptmarkt eine Siegesparade ab. Damit waren in Nürnberg der Zweite Weltkrieg und die NS-Herrschaft zu Ende.

Der Besitz einer Wohnung zählte im Mai 1945 zu einem der größten Reichtümer, blickte 1956 der Wiederaufbaureferent und spätere Oberbürgermeister Dr. Andreas Urschlechter zurück. Denn im Mai 1945 waren mit 65.753 Wohnungen nur noch 52,5 Prozent des alten Vorkriegsbestandes vorhanden. Wer seine Woh-

HINTERGRUND

NÜRNBERG IN TRÜMMERN

Nürnberg war 1945, bezogen auf die Stadtfläche, nach Dresden die am meisten zerstörte Stadt Deutschlands. Mit der Altstadt versank ein einzigartiges kulturhistorisches Gesamtbaudenkmal von weltgeschichtlicher Bedeutung in Schutt und Asche. Was nicht direkt von einer Bombe getroffen wurde, fiel dem Flächenbrand zum Opfer. 1945 waren 91 Prozent aller Gebäude von Kriegsschäden betroffen, davon 38,8 Prozent total zerstört. Vollständig vernichtet war die östliche Sebalder Altstadt. Nach einer Schätzung belief sich die gesamte Schuttmenge nahezu neun Millionen Kubikmeter. Insgesamt waren rund 6.000 Menschen bei den Angriffen getötet, 13.281 verletzt und 351.000 z. T. wiederholt obdachlos geworden. Von den über 400.000 Einwohnern, die vor dem Krieg in Nürnberg lebten, hausten bei Kriegsende gerade noch 209.500 im Stadtgebiet.

Neben der Zerstörung der reichen historischen Bausubstanz waren Verkehrsinfrastruktur und Leitungsnetze der städtischen Werke zusammengebrochen. Mit 1.758 Industrie- und Gewerbeanlagen wurde fast die Hälfte der Fabriken total zerstört.

nung verloren hatte, wurde notdürftig in ehemaligen Luftschutzbunkern und -kellern untergebracht. Selbst im eiskalten Bierkeller der Brauerei Tucher an der Bayreuther Straße hausten viele. Neben Wohnraum fehlte es an öffentlicher Infrastruktur, die sanitären Bedingungen waren miserabel und Lebensmittel waren knapp.

FLÜCHTLINGE UND VERTRIEBENE

Zum Teil noch vor Kriegsende kamen die zumeist aus ehemals deutschem Reichsgebiet östlich der Oder-Neiße-Linie stammenden Flüchtlinge und Vertriebenen in eine stark zerstörte und entvölkerte Stadt. Als Unterkünfte dienten umfunktionierte Bunker, aber auch Lager in Buchenbühl, Schafhof, in der Witschelstraße und Langwasser. Stellten die Flüchtlinge und Heimatvertriebenen 1950 7,8 Prozent der Nürnberger Bevölkerung, hatte sich deren Anteil 1960 mit 14,3 Prozent nahezu verdoppelt. Nach Überwindung der für alle Bewohner Nürnbergs schwierigen Nachkriegsjahre trugen die Neubürger viel zum wirtschaftlichen Aufschwung der Industrieregion Nürnberg bei. Trümmer hatten bereits diejenigen von ihnen geräumt, die bei Kriegsende in die Noris gekommen waren. Andere zählten zu den dringend benötigten Fachkräften, die nun im Rahmen des Wieder- und Neuaufbaus in ihren Berufen eingesetzt wurden. Viele Flüchtlingsfamilien blieben in Nürnberg und wurden Teil der sich baulich und sozial neu ausformenden Stadt. Die Einwohnerzahl Nürnbergs von 1939 mit 423.383 Personen wurde dank der Flüchtlinge und Heimatvertriebenen 1956 mit 426.858 Bewohnern übertroffen.

Zu den Mammutaufgaben der städtischen Behörden nach Kriegsende zählte die Rückführung der Nürnberger »Außenbürger«. Die Mehrzahl der Evakuierten konnte zwar schon 1945 nach Nürnberg zurückkehren, doch verlangsamte sich die Rückführung in den folgenden Jahren aufgrund von Versorgungsengpässen, Wohnraummangel sowie der schlechten Arbeitsmarktsituation. Die 1947 als neue Dienststelle eingerichtete Evakuiertenfürsorge kümmerte sich um die Außenbürger, organisierte z. B. jährliche Evakuiertentreffen und half bei der Lehrstellensuche evakuierter Jugendlicher.

Viele ausgebombte Nürnberger hausten 1945 in notdürftig zusammengenagelten Verhauen. – Fotografie von Max Herrmann (StadtAN A 41 Nr. Repro - 196 - 79).

Die Nürnberger Prozesse

Als Verhandlungsort des Internationalen Militärtribunals stand Nürnberg noch einmal in Zusammenhang mit dem Dritten Reich im Zentrum des internationalen Interesses. Bereits am 8. August 1945 hatten die vier Siegermächte die Bildung eines Internationalen Militärgerichtshofs zur Aburteilung der Hauptkriegsverbrecher beschlossen. In erster Linie aufgrund pragmatischer Erwägungen begann das Verfahren gegen 23 Repräsentanten des NS-Regimes am 20. November 1945 in Nürnberg. Denn mit dem Justizpalast an der Fürther Straße stand ein großräumiges, weitgehend intaktes Gerichtsgebäude mit angrenzendem Gefängnistrakt in der US-Zone zur Verfügung. Der Hauptkriegsverbrecherprozess endete am 1. Oktober 1946 mit der Urteilsverkündung. Wegen Verbrechen gegen den Frieden, gegen die Menschlichkeit und Kriegsverbrechen wurden elf Angeklagte, darunter Julius Streicher, zum Tode verurteilt. Drei Angeklagte erhielten lebenslängliche und vier, darunter der Architekt des Reichsparteitagsgeländes Albert Speer, zeitliche Haftstrafen. Drei Angeklagte wurden freigesprochen.

Vom 9. Dezember 1946 bis 14. April 1949 wurde in zwölf Nachfolgeprozessen gegen Ärzte, Juristen, Mitglieder der SS und Polizei, Industrielle und Manager sowie hohe Militärs und Regierungsvertreter verhandelt. 24 Angeklagte wurden zum Tode, 20 zu lebenslänglichen und 98 zu zeitlichen Freiheitsstrafen verurteilt und 35 freigesprochen. Die Nürnberger Prozesse setzten Standards für das moderne Völkerrecht; die »Nürnberger Prinzipien« bilden die Grundlage für die 1998 in Rom vereinbarte Schaffung eines Ständigen Internationalen Strafgerichtshofs und die UN-Kriegsverbrechertribunale.

Aufbau demokratischer Strukturen

Mit dem Herannahen der US-Streitkräfte hatte die Stadtverwaltung ihre Arbeit eingestellt. Die Tätigkeitsschwerpunkte des ausgedünnten Personalkörpers betrafen längst kriegsspezifische Aufgaben. Während des Großangriffs am 2. Januar 1945 wurden ein Großteil der Amtsgebäude und wichtige Akten vernichtet. Deshalb arbeitete die kommunale Hauptverwaltung seitdem in provisorischen Räumen im Bielingschulhaus. Gleich nach der Eroberung Nürnbergs hatte die US-Militärverwaltung die Kontrolle übernommen. Der bisherige Personalreferent Julius Rühm wurde am 22. April 1945 zum kommissarischen Oberbürgermeister ernannt. Gleichzeitig wurden alle städtischen Beamten aufgefordert, ihre Arbeit wieder aufzunehmen.

Im Sommer 1945 leitete ein radikaler Kurswechsel die Entnazifizierung ein. Politisch stark belastet, wurde schließlich auch Julius Rühm durch Martin Treu ersetzt. Als Zweiter Bürgermeister kam mit Hans Ziegler ebenfalls ein Sozialdemokrat ins Amt. Treu zählte in Hinblick auf die zu bewältigende Aufgabenfülle zu den Kritikern einer rigorosen Entnazifizierung. Notgedrungen kehrte eine Anzahl von als »Mitläufer« eingestuften Personen wieder in den Verwaltungsdienst zurück, denn überall wurden Fachkräfte für den Wiederaufbau benötigt.

Bank mit Angeklagten des Hauptkriegsverbrecherprozesses im Schwurgerichtssaal 600 des Nürnberger Justizpalastes während einer Sitzung. Links (auf den Arm gestützt) Hermann Göring, daneben Rudolf Hess. – Fotografie von Ray d'Addario um 1946 (StadtAN A 65 Nr. I-RA-329).

Mit der Zulassung von Parteien forcierte die Militärregierung den Aufbau demokratischer Strukturen, und am 3. November 1945 erhielten SPD, KPD, CSU und Deutsche Demokratische Partei ihre Genehmigungsurkunden. Mit der Stadtratswahl am 26. Mai 1946 verfügte Nürnberg wieder über ein demokratisch legitimiertes Stadtparlament. In ihrer konstituierenden Sitzung wählten die Stadträte die Referenten und bestätigten den seit Dezember 1945 kommissarisch amtierenden Oberbürgermeister Hans Ziegler. Am 30. März 1952 wählten die Nürnberger in einer Direktwahl Otto Bärnreuther (SPD) zum Oberbürgermeister. Mit dem Umzug des gleichzeitig neu gewählten Stadtrats in das wieder aufgebaute Rathaus am Fünferplatz waren die verwaltungstechnischen Grundlagen für den Wiederaufbau gelegt, an die 1957 Oberbürgermeister Dr. Andreas Urschlechter anknüpfen konnte. Zu den herausragenden Politikern der Nachkriegszeit gehört auch die Sozialdemokratin

Käte Strobel. 1949 zog sie in den Bundestag ein und leitete im Rang einer Ministerin von 1966 bis 1972 das Gesundheits- und Familienressort.

Den Demokratisierungsprozess flankierte die Neuformierung des Pressewesens. Als erste Zeitung nach Kriegsende erschienen 1945 die »Nürnberger Nachrichten«. Nach und nach öffneten kulturelle Einrichtungen ihre Pforten und neue Initiativen wie das Amerika-Haus entstanden. *Endlich, endlich haben wir unseren geliebten Christkindlesmarkt wieder,* jubelten die »Nürnberger Nachrichten« nach der Wiedereröffnung des Marktes 1948 auf dem Hauptmarkt. Denn die Rückkehr der Budenstadt in die vom Krieg noch arg gezeichnete City bedeutete einen wichtigen Schritt auf dem Weg zurück zur Normalität.

Wiederaufbau und Wirtschaftswunder

Als 1953 Oberbürgermeister Otto Bärnreuther 35 Russlandheimkehrer empfing, überreichte er jedem Gast als Zeichen des Neuanfangs das Buch »Nürnberg lebt und baut auf!« Zu diesem Zeitpunkt war in Nürnberg die Trümmerräumung im Wesentlichen abgeschlossen. Am 20. Juni 1948 hatte die Währungsreform das Ende der Bewirtschaftungsmaßnahmen eingeleitet und am 30. August 1949 gab die Eröffnung des restaurierten Albrecht-Dürer-Hauses symbolisch das Startsignal zum Wiederaufbau der Stadt. Sollte das alte Stadtbild rekonstruiert oder modern neu aufgebaut werden? Dies waren Schlüsselfragen, die im offenen Dialog mit den Nürnbergerinnen und Nürnbergern diskutiert wurden. 1947 lobte die Stadt den Ideenwettbewerb »Tausend Gedanken für den Wiederaufbau und Neubau der Stadt Nürnberg« aus. Nirgendwo sonst in Deutschland kam es zu einer vergleichbaren Bürgerbeteiligung. 1947 folgte ein zweiter, auf Profis zugeschnittener »Wettbewerb über den Wiederaufbau der Altstadt Nürnberg«. Insbesondere durch die Multiperspektivität der 188 Einsendungen, die vom radikalen Bruch mit der Nürnberger Bautradition bis hin zum Vorschlag originalgetreuer Rekonstruktionen reichte, fand die Stadtverwaltung ihre Linie zum Wiederaufbau. Alle Anregungen fan-

den Eingang in das 1948 ins Leben gerufene »Kuratorium für den Wiederaufbau der Stadt Nürnberg«. Das Gremium gab auch den Impuls zur Durchführung der Deutschen Bauausstellung 1949.
Der aus den Ergebnissen des Altstadtwettbewerbs entwickelte Grundplan von 1950 steckte den Rahmen für den Wiederaufbau ab. Es galt, die Bewahrung der unverwechselbaren Physiognomie der Stadt mit moderner Architektur in Einklang zu bringen. Die Wiederherstellung der Burg als Krone der Stadt, der Stadtbefestigung oder des Wolff'schen Rathausbaus einerseits, das neue Pellerhaus, die Bayerische Staatsbank am Lorenzer Platz oder das Ewag-Hochhaus am Plärrer andererseits sind Beispiele

Werbeturm für die Deutsche Bauausstellung. – Fotografie vom 15. September 1949 (StadtAN A 39 Nr. DBA-283).

DIE DEUTSCHE BAUAUSSTELLUNG NÜRNBERG

Die Deutsche Bauausstellung fand vom 1. bis 18. September 1949 im Torso der Kongresshalle des ehemaligen Reichsparteitagsgeländes sowie auf den daran angrenzenden Freiflächen statt. Die international beschickte und von über 300.000 Besuchern besichtigte Bauausstellung leitete einen Paradigmenwechsel im Image der als Stadt der Reichsparteitage, Stadt der Nürnberger Rassegesetze und Stadt der Nürnberger Prozesse vielfältig stigmatisierten Noris ein. Mit wichtigen Weichenstellungen für den Wiederaufbau der Altstadt, aber auch hinsichtlich eines zeitgemäßen Wohnungsbaus, der Neuerschließung und der Weiterentwicklung des Stadtkörpers nimmt die Bauausstellung eine Scharnierfunktion zwischen der Phase des Diskurses und der konkreten Umsetzung der Planungen ein.

hierfür. Pragmatisch wurden auch städtebauliche Chancen, die durch die Zerstörungen entstanden waren, ergriffen, wie etwa die Anlage eines Uferweges entlang der Pegnitz.

Neben dem Wiederaufbau zählte die Stadtraumerweiterung durch Neubautätigkeit an den Stadträndern und weitere Eingemeindungen zu den Kernaufgaben der Stadtplanung nach 1945. Im Zuge der Gebietsreform 1972 stießen u. a. Boxdorf, Großgründlach und Neunhof sowie Katzwang, Worzeldorf, Kornburg, Wolkersdorf, Fischbach, Brunn und Schwaig zum Stadtgebiet. Eine besondere Rolle kam Langwasser zu, das bereits 1932 für die städtebauliche Erschließung vorgesehen war.

Seit der Währungsreform 1948 ging es mit Nürnbergs Wirtschaft wieder bergauf. Der Bausektor hatte wie überall in Deutschland Hochkonjunktur. Nach und nach konnte auch der Verlust traditioneller Absatzmärkte im Osten Europas, der sich durch die Errichtung des »Eisernen Vorhangs« ergeben hatte, kompensiert werden. Neue Branchen entstanden, allen voran in der Unterhaltungs- und Elektrotechnik mit Firmen wie Grundig, Siemens, AEG und Diehl, aber auch Unternehmen wie Photo-Porst und das Versandhaus Quelle avancierten zu starken Marken. Zudem knüpften traditionelle Sparten wie die Zweiradindustrie vorübergehend an alte Erfolge an, und die

LANGWASSER

Rund sieben Kilometer südöstlich des Stadtkerns gelegen, war das rund 600 Hektar große Gebiet 1935 für den Bau des Reichsparteitagsgeländes beschlagnahmt worden. Erst 1947 kam das Gelände nach einer Zwischennutzung als Internierungslager für deutsche Insassen, als Auffanglager für sogenannte Displaced Persons sowie Bleibe für Flüchtlinge, Vertriebene, Evakuierte und Ausgebombte an die Stadt Nürnberg und wurde ein Jahr später zur Bebauung freigegeben. Erste Wohnblöcke verschiedener Bauträger entstanden. Um einer Zersiedelung vorzubeugen, beauftragte der Stadtrat 1954 die Wohnungsbaugesellschaft der Stadt Nürnberg mit der Erstellung eines Generalbebauungsplans und der Übernahme der Planungsträgerschaft. Den Zuschlag des 1955 ausgeschriebenen Wettbewerbs erhielten Franz Reichel, Hermann Scherzer und Landschaftsarchitekt Hermann Thiele. 1957 fand die Grundsteinlegung zum ersten Bauabschnitt statt.

Langwasser weist im Vergleich zur Gesamtstadt einen überdurchschnittlich hohen Anteil an Grünflächen auf. Die gute Infra-

Der Nürnberger Flughafen, seit 5. Dezember 2014 Albrecht Dürer Airport, aus östlicher Richtung. – Fotografie von 2020.

struktur mit U-Bahn und nahe gelegenen Bahn- und Autobahnanschlüssen machten den Stadtteil überdies zum attraktiven Industrie- und Gewerbestandort. Langwasser erlangte als Experimentierfeld in vielen Bereichen übernationale Bedeutung, so etwa mit dem Bauabschnitt »Paula« Anfang der 1980er-Jahre als erstes modernes autofreies Wohngebiet der Bundesrepublik. 1969 wurde zudem eine der ersten modernen Einkaufsmalls Deutschlands in Langwasser eröffnet. Mit dem Südklinikum seit 1994, dem wettkampfgerechten Langwasserbad seit 2015 und der seit 2012 als Eliteschule des Sports anerkannten Bertolt-Brecht-Schule (BBS) verfügt der Stadtteil über weitere überregional bedeutende Einrichtungen. Die Erschließung letzter Baulandreserven, eine voranschreitende Nachverdichtung und städtebauliche sowie verkehrstechnische Modernisierungs- und Strukturmaßnahmen werden die Entwicklung des Stadtteils mit beeinflussen.

fränkische Spielwarenindustrie mit Firmen wie Schuco, Trix und Fleischmann konnte sich am Weltmarkt positionieren. Sie hatte erheblichen Anteil an Nürnbergs Ausbau zum Messestandort, zu dessen Höhepunkten die seit 1950 alljährlich veranstaltete Spielwarenmesse zählt. 1973 wurde das neue Messezentrum eröffnet, das, mittlerweile beträchtlich erweitert, weltweit zu den Top 15 der Messegesellschaften gehört.

Die wirtschaftliche Neuausrichtung nach Westen erforderte den Ausbau der Verkehrswege, etwa durch die Elektrifizierung der Bahnstrecke nach Frankfurt am Main, den Bau der Autobahnen in Richtung Frankfurt und Stuttgart sowie die 1955 erfolgte Eröffnung des neuen Flughafens bei Kraftshof, der seit 2015 unter dem Namen »Albrecht-Dürer-Airport« vermarktet wird. Wichtig blieb der Bau des Rhein-Main-Donau-Kanals seit 1959. Der 1995 privatisierte Nürnberger Hafen fasst dabei die drei Verkehrsträger Schiene, Straße und Wasser zusammen.

Mit dem Aufschwung der Wirtschaft wurden die Verbindungen der Städteachse Erlangen-Fürth-Nürnberg-Schwabach enger. Starke Pendlerbewegungen erforderten den Auf- und Ausbau des öffentlichen Nahverkehrs etwa durch die U-Bahn ab 1967 und die S-Bahn ab 1987. Der Fall des Eisernen Vorhangs und die Wiedervereinigung ermöglichten die Wiederaufnahme der traditionellen Wirtschaftsbeziehungen zum Osten. Ausdruck der Rückkehr Nürnbergs in seine alte Mittellage ist der Ausbau der ICE-Trasse nach Erfurt im Rahmen des »Verkehrsprojektes Deutsche Einheit Nr. 8«, die 2017 ans Netz ging. Umso befremdlicher muss es erscheinen, dass in einem solchen Umfeld die direkte Zugverbindung nach Prag 2002 Sparmaßnahmen der Deutschen Bahn AG zum Opfer gefallen ist. 1996 übernahm der Marketing-Verein »Die Region Nürnberg« die Aufgabe der Imagepflege der Wirtschaftsregion, die sich seit der Wiedervereinigung als Tor der EU nach Osten positioniert hat. 2005 wurde die Wirtschaftsregion Nürnberg in den Kreis der elf Europäischen Metropolregionen Deutschlands aufgenommen. Bereits heute gehört sie mit über 3,6 Millionen Einwohnern und 150.000 Unternehmen zu den zehn großen Wirtschaftszentren Deutschlands.

Strukturwandel

Der Strukturwandel der deutschen Wirtschaft, gekennzeichnet von zurückgehender Produktion traditioneller Güter und einem vermehrten Dienstleistungsangebot, traf Nürnberg aufgrund seiner Wirtschaftsstruktur besonders hart. Seit den 1970er-Jahren gingen Arbeitsplätze in der Metall- und Elektroindustrie, im Großmaschinenbau, im Anlagen- und Kraftwerksbau, im Fernseh- und Rundfunkgerätebau und in der Haushalts- und Büromaschinenbranche in großem Stil verloren. Allein im Nürnberger Westen kosteten die Schließung des AEG-Stammwerks 2007 und die Insolvenz von Quelle, einstmals Europas größtes Versandhaus, 2009 fast 9.000 Menschen den Arbeitsplatz. Seither stand das ehemalige Versandzentrum an der Fürther Straße leer. Die Transformation der markanten, in Teilen denkmalgeschützten Immobilie als »The Q« mit einer zeitgemäßen Mischnutzung hat bereits begonnen. Längst im Gange ist seit 2013 die Konversion des ehemaligen AEG-Werksgeländes, auf dem sich Handel und Gewerbe, Kunst und Kultur, Logistik und Produktion als Mieter neu etabliert haben.

Der Umbau zur modernen Dienstleistungs- und Informationsgesellschaft ist langwierig und hält an. Aber auch jetzt wird sich die Noris auf eine ihrer Kerntugenden verlassen können: den sprichwörtlichen Nürnberger Witz. Mit neuen Produkten, Technologien und Verfahren erschließen sich die Unternehmen der Region neue Märkte und schaffen zukunftssichere Arbeitsplätze. Zu den Innovationsschwerpunkten gehört der wachstumsstarke Bereich Verkehr und Logistik. Aus Nürnberg und seinem Umfeld stammten nicht nur Bauteile für die Ariane-Rakete, sondern auch Spitzentechnologie für den ICE und den Transrapid wurde hier entwickelt. Als weitere Schlüsseltechnologie gilt die spartenreiche Informations- und Kommunikationstechnik. Hohes Innovationspotenzial besitzen zudem die zahlreichen Unternehmen des Bereiches Medizin und Gesundheit. Auch die Energie- und Umwelttechnik mit Schwerpunkten im Turbinen- und Kraftwerksbau sowie Forschung in Zusammenhang mit Wasserstoff zählen zu den Aushängeschildern der mittelfränkischen Wirtschaft. Darüber hinaus weisen die Entwicklung und Verarbeitung von neuen Materialien sowie der Bereich Automation und Produktionstechnik in die Zukunft. Die neuen Branchen sind wiederum impulsgebend für innovative Dienstleistungen etwa der Rechts- und Wirtschaftsberatung, der Marktforschung, der Technikberatung oder der Datenverarbeitung. Sie können in Nürnberg bereits mit der Gesellschaft für Konsum-, Markt- und Absatzforschung (GfK) und der Datenverarbeitungsorganisation des steuerberatenden Berufes (DATEV) auf eine gute Tradition zurückblicken. Vor allem im Umgriff des Hauptbahnhofs verzeichnet die Hotel- und Übernachtungsbranche einen kontinuierlichen Aufwuchs.

Große Bedeutung für die Innovationsfähigkeit des Wirtschaftsraumes haben die Kreativbranchen. Ihren Bedarfen trägt das Bayerische Zentrum für Kultur- und Kreativwirtschaft mit Sitz in Nürnberg Rechnung, das landesweit Akteure der elf Teilmärkte Design-, Film-, Rundfunk-, Musikwirtschaft, Kunst-, Presse-, Werbemarkt, Markt für Darstellende Künste sowie Software-/Gamesindustrie berät und vernetzt. Seit 2015 haben im Zentrum für Gegenwartskultur des Z-Baus Akteure der Kreativszene eine feste Adresse.

In bewusstem Kontrast zur NS-Architektur der Kongresshalle steht die Gestaltung des Besuchereingangs des Dokumentationszentrums Reichsparteitagsgelände. – Fotografie von 2001 (StadtAN A 82 Nr. I-13-3).

Als eine der größten Universitäten Deutschlands mit knapp 40.000 Studierenden (Stand 2023/24) ist die Friedrich-Alexander-Universität Erlangen-Nürnberg nicht nur ein wichtiger Wirtschaftsfaktor für die Region, sondern sorgt auch für den Nachschub an Fachkräften. Bereits 1961 wurde die Handelshochschule Nürnberg und 1972 die Pädagogische Hochschule Nürnberg der Universität angegliedert. Außerdem tragen die TH Nürnberg, die Akademie der Bildenden Künste in Nürnberg und die Hochschule für Musik sowie als nichtstaatliche Einrichtung die Evangelische Hochschule, die FOM Hochschule für Oekonomie & Management und die Paracelsus Medizinische Privatuniversität zu Nürnbergs Rolle als Bildungsstandort bei. Dessen Bedeutung manifestierte sich 2021 einmal mehr durch die Gründung der Technischen Universität Nürnberg (University of Technology Nuremberg – UTN), die im neu entstehenden Stadtteil Lichtenreuth als Campusuniversität mit interdisziplinärem Ansatz bundesweiten Modellcharakter für sich beansprucht.

Auch auf dem Verkehrssektor wurden zukunftsweisende Projekte angestoßen, wie etwa der Ausbau des Güterverkehrszentrums Hafen und der direkte Anschluss des Flughafens an das Autobahnnetz. Seit 1999 mit eigenem U-Bahn-Anschluss ausgestattet, gehörte, gemessen an Fluggästen und Frachtleistung, der Albrecht Dürer Airport Nürnberg zwischenzeitlich zu den Top Ten der internationalen deutschen Verkehrsflughäfen und verzeichnete 2018 mit rd. 4,5 Millionen Passagieren einen vorläufigen Fluggastrekord. Den regen Pendlerbewegungen in der Region trägt der zweitgrößte Verkehrsverbund in Deutschland Rechnung, und 2008 ging in Nürnberg die erste fahrerlose U-Bahn Deutschlands in Betrieb. Andere Verkehrsvorhaben werden noch diskutiert, wie etwa der kreuzungsfreie Ausbau des Frankenschnellwegs oder die Stadt-Umland-Bahn als moderne Straßenbahnverbindung der Städte Nürnberg, Erlangen und Herzogenaurach.

Mit der Bundesagentur für Arbeit und dem Bundesamt für Migration und Flüchtlinge ist Nürnberg Sitz zweier wichtiger Bundesbehörden. Seit 2014 hat zudem das heutige Bayerische Staatsministerium der Finanzen und für Heimat mit dem Heimatministerium einen zweiten Dienstsitz in der Pegnitzstadt. Dort eröffnete 2017 auch das heutige Bayerische Staatsministerium für Gesundheit, Pflege und Prävention einen zweiten Standort – eine Maßnahme, die Nürnbergs Rang als mit über 540.000 Einwohnern zweitgrößter Stadt des Freistaats Rechnung trägt.

Kultur und Selbstbild

Allgemeiner Konsens bestand nach den Zerstörungen des Zweiten Weltkriegs über die Wiederherstellung des baulichen Stadtcharakters. Dennoch führte eine Reihe von Neubauprojekten bis in die jüngste Zeit zu engagierten, auf breiter gesellschaftlicher Basis geführten Diskussionen. So löste etwa 1950 der Bau des Kaufhofs an der Königstraße wegen seiner modernen Fassadengestaltung heftige Proteste und die Gründung der »Vereinigung der Freunde der Altstadt« aus.

Nicht realisiert wurde das Einzelhandels- und Dienstleistungszentrum Köma – eine repräsentative Ladenpassage, die 1967 auf dem Areal der Königstor- und Marientormauer einschließlich Künstlerhaus und Gewerbemuseumsplatz geplant

HINTERGRUND

DIE NÜRNBERGER MASSENVERHAFTUNG IM KOMM

In der Teilruine des ehemaligen Künstlerhauses wurde 1973 das Kommunikationszentrum »KOMM« als Begegnungsstätte für Jugendliche eingerichtet. Umstritten war vor allem das Selbstverwaltungsmodell, das dauerhaft Konfliktpotenzial zwischen den Gruppen im KOMM, der Stadtverwaltung und der Staatsregierung bot. Im Zuge der sogenannten Nürnberger Massenverhaftungen geriet das KOMM in die überregionalen Schlagzeilen. Am 5. März 1981 war es nach einer Veranstaltung zur Niederländischen Hausbesetzungsbewegung während der anschließenden spontanen Demonstration zu Sachbeschädigungen gekommen. Infolge der Einkesselung des KOMM durch die bayerische Polizei wurden unabhängig von einer Teilnahme an der Demonstration alle im KOMM Anwesenden, darunter 21 Minderjährige, verhaftet und bis zu zwei Wochen lang festgehalten. Aufgrund der unzureichenden Beweislage sah sich die Justiz nach einigen Monaten zu einer Einstellung der Verfahren gezwungen.
Auch in den Folgejahren stets im Kreuzfeuer der Kritik, wurde das umstrittene Selbstverwaltungsmodell nach heftigen Diskussionen 1997 beendet. Die wieder städtisch verwaltete Begegnungsstätte firmiert nun unter dem Namen Künstlerhaus Nürnberg.

war. Die heftig geführte Kontroverse bezog sich vor allem auf die hierfür notwendige Entfernung eines Teils der Stadtbefestigung. Den Slogan »Rettet die Sebalder Altstadt« schrieb sich eine Bürgerinitiative auf die Fahnen, die angeführt von den Altstadtfreunden Anfang der 1990er-Jahre gegen die geplante Bebauung des Areals zwischen Pegnitz, Winkler-, Karl- und Augustinerstraße Widerstand leistete. Als »aufgeschnittene Bratwurst« wurde der als Gegenentwurf zur »Butzenscheibenromantik Alt-Nürnbergs« konzipierte »Augustinerhof« von einem Großteil der Bevölkerung abgelehnt. Der Stadtrat musste sich 1996 einem Bürgerentscheid beugen, der mit der planungsrechtlichen Ausweisung des Areals als Mischgebiet die Ausführung des Augustinerhofs verhinderte. Erst 2021 wurde die Baulücke mit einer Zweigstelle des Deutschen Museums geschlossen. Das sogenannte Zukunftsmuseum bereichert seither die Museumslandschaft um eine neue innovative Facette und ist nicht zuletzt aufgrund der Innenstadtlage ein Besuchermagnet. An anderer Stelle der Altstadt hingegen konnten sich konsequent moderne Architekturformen durchsetzen, so etwa das Neue Museum (Staatliches Museum für Kunst und Design) und der sogenannte Kopfbau am Künstlerhaus. 1995 setzte die Eröffnung des ersten Multiplexkinos Cinecitta' als mittlerweile eines der größten Kinozentren Europas wichtige städtebauliche Impulse in der östlichen Altstadt, die mit der Anlage einer neuen Pegnitzbrücke, einer Flusspromenade und urbaner Platzsituationen eine enorme Aufwertung erfuhr.

Außerhalb der City bestimmen die strukturellen Umbrüche die neue Raumplanung. Areale von bisher nicht gekannter Dimension, die früher etwa von der Industrie genutzt wurden, haben ihren Nutzungszweck verloren. Während in den vergangenen zwei Jahrhunderten Stadterweiterung und Eingemeindungen die Leitlinien einer zukunftsweisenden Stadtplanung bildeten, steht nun die Binnenentwicklung und die Transformation von Leerständen als neue Herausforderung des 21. Jahrhunderts an. In diesem Kontext bewegt sich etwa auch die Umgestaltung der ehemaligen Oberpostdirektion am östlichen Stadtmauerring. Als typischer Bau der 1970er-Jahre erfährt die Immobilie – nicht zuletzt im Sinne der Nachhaltigkeit – seit 2021 eine zeitgemäße Umgestaltung und wird mit dem Umzug der Evangelischen Hochschule dorthin als Evangelischer Campus Nürnberg zum Ort der Bildung und der Begegnung transformiert.

Neue Impulse erfährt Nürnberg zudem durch die Einbindung der Pegnitz in den Stadtraum und die Aufwertung ihrer Naherholungsqualitäten. Trug die Anlage des Wöhrder Sees Ende der 1960er-Jahre noch dem dringend notwendigen Hochwasserschutz der Innenstadt Rechnung, bieten nun Badebucht und Sandstrand dort attraktive Erholungsmöglichkeiten. Zudem wurden auf der Insel Schütt, am Nägeleinsplatz und am Kontumazgarten erstmals Zugänge zur Pegnitz geschaffen, die ein Verweilen direkt am Wasser möglich machen. Mit der Installierung der Fuchslochwelle im Stadtteil Schniegling ist seit 2021 sogar das Surfen in Nürnberg möglich.

Auf kulturellem Gebiet setzte die Noris nach dem Zweiten Weltkrieg Trends. Bundesweit neu wurden unter dem Kulturreferat Prof. Dr. Hermann Glasers die als »Kulturläden« bezeichneten soziokulturellen Kleinzentren als Ergänzung zu den zentralen Kulturorten entwickelt. Als Subzentren wirken sie nicht nur durch Bürgernähe, sondern auch als Impulsgeber der Stadtteilentwicklung. 2009 eröffnete, dieser Linie folgend, im Stadtsüden der südpunkt als Zusammenschluss von Volkshochschule und Stadtbibliothek. Mit dem bislang jüngsten Kulturladen »Kulturwerkstatt Auf AEG« im ehemals industriereichen Westen setzte Nürnberg 2016 dieses Konzept erfolgreich fort.

Längst hat Nürnberg seinen Ruf als Kunst- und Kulturstadt sowie internationaler Veranstaltungsort gefestigt. Die Kultur- und Museumslandschaft hat an Vielfalt gewonnen, etwa 2012 durch den Neubau der Stadtbibliothek, 2014 durch die Kunstvilla und das neugestaltete Albrecht-Dürer-Museum, 2018 den Einzug der Hochschule für Musik in das grundsanierte ehemalige Sebastianspital am Wöhrder See sowie seit 2021 durch das Zukunftsmuseum. Nicht immer blieb die Präsentation von Kunst ohne Kontroversen. Anlässlich des Dürer-Jahres 1971 fand mit dem Symposion Urbanum, einem internationalen Bildhauertreffen, die zeitgenössische Kunst Einzug in den öffentlichen Raum. Diese damals neuartige Vorgehensweise, die Menschen außerhalb des Museums mit moderner Kunst zu konfrontieren, wurde vom Publikum eher mit Skepsis aufgenommen. Dass zeitgenössische Kunst gerade in der Altstadt provozieren und zur Auseinandersetzung anregen kann, bestätigte sich 2006, als anlässlich der Fußballweltmeisterschaft eine Skulptur aus getürmten Stadionsitzen um den Schönen Brunnen die Sicht auf diesen versperrte und weit über die Grenzen der Stadt hinaus zu teils heftigen Debatten um die Kunstaktion führte. Zum kulturellen Narrativ gehören unbestritten der weltberühmte Nürnberger Christkindlesmarkt wie auch die Nürnberger Lebkuchen und nicht zuletzt die Nürnberger Bratwurst, die seit 2003 EU-weit geschützt ist.

Neben Traditionsformaten wie den Stadtteil-Kirchweihen, dem Volksfest, dem Faschingszug oder dem wiederbelebten Schembartlauf bereichern vielfältige Veranstaltungen die Festsaison. Viele sind zur Marke geworden wie die Internationale Orgelwoche, das Figurentheaterfestival, das Bardentreffen als Deutschlands größtes Weltmusikfestival, die Blaue Nacht, das Klassik Open Air, Stars im Luitpoldhain oder Rock im Park. Wichtige Akzente setzt zudem der Sport, etwa alljährlich mit dem Norisringrennen. 2006 fanden einige Spiele der Fußballweltmeisterschaft auch in Nürnberg statt. Aufgrund des großen Sanierungsbedarfs und zur Stärkung der Wettbewerbsfähigkeit des Max-Morlock-Stadions werden derzeit Möglichkeiten einer grundlegenden Umgestaltung geprüft. Bereits seit 2021 verfügt Nürnberg mit der Kia Metropol Arena über eine der modernsten Veranstaltungshallen in Deutschland.

1979 schon einmal Austragungsort des Deutschen Evangelischen Kirchentags, strahlte Nürnberg 2023 erneut als Gastgeberstadt und konnte fünf Tage lang Besucher aus ganz Deutschland und darüber hinaus herzlich willkommen heißen. 2025 wird Nürnberg das Deutsche Chorfest austragen und mit der Urbanen Gartenschau steht 2030 ein weiteres Event nationalen Ranges an.

In singulärer Weise ist Nürnbergs Geschichte mit der des Dritten Reiches verflochten und steht paradigmatisch für die Geschehnisse und Verwerfungen des 20. Jahrhunderts. Entschieden und mit vielfältigen Zugängen stellt sich die Stadt ihrer Vergangenheit. Seit 1993 erinnert die vom israelischen Künstler Dani Karavan gestaltete »Straße der Menschenrechte« an die Artikel der UN-Deklaration von 1948 (Menschenrechtserklärung), und seit 1995 wird alle zwei Jahre der »Internationale Nürnberger Menschenrechtspreis« verliehen. Zudem sind zahlreiche Gedenkorte an die Opfer des Nationalsozialismus im Stadtraum situiert, darunter auch ein Mahnmal am Kartäusertor für die drei Nürnberger Opfer des NSU. Toleranz und Liberalität hat sich Nürnberg auch im Alltag auf die Fahnen geschrieben, leben doch rund 30 Prozent Ausländerinnen und Ausländer aus 163 Ländern hier. Über 50 Prozent der Nürnberger Bevölkerung haben einen Migrationshintergrund. Als Fernhandels-, Kultur- und Wirtschaftsmetropole seit jeher von Zuwanderung profitierend, trug Nürnberg dieser Entwicklung als zweite Stadt der Bundesrepublik 1973 mit der Gründung eines Ausländerbeirats Rechnung. Mit dem historischen Erbe des Dritten Reiches setzt sich seit 2001 das Dokumentationszentrum Reichsparteitagsgelände auseinander, welches mit über 300.000 Besuchern jährlich einer Erweiterung bedarf und derzeit bei laufendem Betrieb neu konzipiert wird. 2010 wurde das Memorium Nürnberger Prozesse im Schwurgerichtssaal 600 an authentischem Ort eröffnet. 2015 entstand dort mit der Eröffnung der Internationalen Akademie Nürnberger Prinzipien ein weltweites Forum für aktuelle völkerstrafrechtliche Themen. Im Umgang mit dem nationalen Erbe der NS-Hinterlassenschaften setzt die Stadt Nürnberg – unterstützt von Bund und Land – weiterhin auf demokratisch-historische Bildungs- und Vermittlungsarbeit und den Erhalt der denkmalgeschützten baulichen Zeugnisse. Die Öffnung und Entwicklung von Zeppelinfeld und Zeppelintribüne zum Lern- und Begegnungsort sowie die Sicherung des ehemaligen Bahnhofs Märzfeld als würdiger Erinnerungsort stehen in diesem Kontext. Eines der größten Stadtentwicklungsprojekte seit Ende des Zweiten Weltkriegs geht die Stadt Nürnberg mit der erweiterten kulturellen Nutzung der nie fertiggestellten Kongresshalle auf dem ehemaligen Reichsparteitagsgelände an. Als Idee aus der Bewerbung um den Titel der Europäischen Kulturhauptstadt 2025 sollen Schau-, Probe- und Werkräume für Kulturschaffende aller Sparten entstehen. Und als Ergebnis eines breit geführten stadtgesellschaftlichen Diskurses werden ab 2027 hier die Sparten Musiktheater und Tanz des Staatstheaters Nürnberg ihren Spielort haben, da das 1905 erbaute Opernhaus sowohl modernisiert als auch städtebaulich neu angebunden werden soll. Mit dem Entwicklungsvorhaben Kongresshalle wird ein einzigartiger innovativer Kulturort mit internationaler Strahlkraft realisiert. Denn gerade aus der intensiven Auseinandersetzung mit der Vergangenheit erwachsen Perspektiven für Nürnbergs Zukunft.

Zeittafel

Mitte 9. Jh. Siedlungsspuren (Keramik) im Bereich des Hauptmarktes.

10. Jh. Errichtung einer (nur archäologisch nachgewiesenen) Burg vermutlich der Markgrafen von Schweinfurt. Siedlungsspuren im hochwasserfreien Bereich der Sebalder Altstadt.

verm. 1003 Zerstörung der Burg durch König Heinrich II. In der Folgezeit geht das Gebiet in königlichen Besitz über, die Burg wird als Königsburg neu errichtet.

1050 Erste urkundliche Erwähnung Nürnbergs in der »Sigena-Urkunde« Kaiser Heinrichs III. (16. Juli).

1062 Übertragung des Fürther Markt-, Münz- und Zollrechts auf Nürnberg durch Heinrich IV.

Um 1070 Beginn der Sebalduswallfahrt.

1105 Eroberung Nürnbergs durch Heinrich V. im Zuge seines Aufstands gegen seinen Vater, Kaiser Heinrich IV.

1127 Vergebliche Belagerung Nürnbergs durch König Lothar von Supplinburg, nachdem die Stadt nach dem Aussterben der Salier an die Staufer als deren Erben gefallen ist.

1130 Eroberung Nürnbergs durch Lothar, der es Heinrich dem Stolzen von Bayern überlässt.

verm. 1138 Nach der Königswahl Konrads III. fällt Nürnberg an die Staufer zurück.

ab 1139 Bau der Kaiserpfalz durch Konrad III. und Friedrich I.

um 1150 Erweiterung der Sebalder Stadt durch Aufschüttung der sumpfigen Pegnitzniederung für ein Judenviertel zur Aufnahme vertriebener Juden aus dem Rheinland. Planmäßige Gründung der Lorenzer Stadt. Beide Stadthälften bleiben vorerst getrennt.

1190/92 Nach dem Aussterben der Raabser fällt die Burggrafschaft an die schwäbischen Grafen von Zollern.

1219 »Großer Freiheitsbrief« Kaiser Friedrichs II. (8. November).

1246 Eroberung Nürnbergs durch den päpstlichen Gegenkönig Heinrich Raspe.

1256 Mit dem Beitritt Nürnbergs zum Rheinischen Städtebund tritt erstmals der Rat als eigenständiger politischer Akteur auf.

1278 Revindikation Nürnbergs als Reichsgut durch König Rudolf II. gegen wittelsbachische Erbansprüche. Festigung der Stellung Nürnbergs als Reichsstadt.

um 1320	Ausformung der patrizischen Ratsverfassung.
1298	Judenpogrom
1314–1347	Kaiser Ludwig der Bayer weilt 74-mal z. T. monatelang in Nürnberg.
um 1320/25	Schließung des vorletzten Stadtmauerrings durch Überbauung der Pegnitz, Zusammenwachsen beider Stadthälften.
1332	Großer Rathaussaal.
1339	Stiftung des Heilig-Geist-Spitals.
1346–1378	Kaiser Karl IV. von Luxemburg weilt 52-mal in Nürnberg.
1348/49	»Handwerkeraufstand« der wittelsbachischen Partei.
1349	Judenpogrom mit Billigung Karls IV. Anstelle des abgerissenen Judenviertels entstehen Hauptmarkt, Obstmarkt und Frauenkirche.
1350	Beginn des Baus der letzten Stadtmauer (vollendet 1452).
1356	»Goldene Bulle«
1423/24	Kaiser Sigismund bestimmt Nürnberg »für ewige Zeiten« zum Aufbewahrungsort der Reichskleinodien.
1427	Kauf der Burggrafenburg und der Reichswälder.
1449–50/53	Erster Markgrafenkrieg (Zweiter Städtekrieg).
Um 1450	Einwohnerzahl: ca. 20.000 Einwohner.
1452	Der heute noch größtenteils vorhandene letzte Mauerring wird geschlossen.
1453	Gründung der Vischerhütte.
1479/84	Mit der »Nürnberger Reformation« erfolgt die erste Kodifikation eines deutschen Stadtrechts auf römischrechtlicher Grundlage.
1493	Anton Koberger druckt Hartmann Schedels Weltchronik.
1494	Albrecht Dürer gründet seine Werkstatt.
1497	Einwohnerzahl: ca. 28.000 Einwohner.
1499	Ausweisung der Juden aus Nürnberg.
1500–1502	Das Erste Reichsregiment hat seinen Sitz in Nürnberg.
1502	Schlacht von Affalterbach.
seit 1503	Als Reaktion auf die Entdeckungsfahrten gründen Nürnberger Handelsfirmen Kontore in Lissabon, Sevilla und Antwerpen.
1504–1505	Landshuter Erbfolgekrieg. Durch die Eroberung mehrerer Kurpfälzer Ämter gewinnt Nürnberg das größte Landgebiet einer Reichsstadt.

1517 Einrichtung des Fränkischen Reichskreises.

1521 Mit dem »Tanzstatut« schließt sich das Patriziat gegenüber dem Bürgertum korporativ ab.

1521–1524 Das »Zweite Reichsregiment« hat seinen Sitz in Nürnberg.

1523 Feldzug des Schwäbischen Bundes gegen die fränkischen Raubritter.

1524/25 Einführung der Reformation in Nürnberg.

1526 Gründung des Gymnasiums.

1528 Tod Dürers.

1532 Nürnberger Anstand: Erster Religionsfriede im Reich.

1533 Gemeinsame Nürnberg-Brandenburgische Kirchenordnung.

1543 Letzter Reichstag in Nürnberg.

1546 Schmalkaldischer Krieg.

1552–1555 Zweiter Markgrafenkrieg.

1554 Ende der Vischerhütte.

1556–1564 Verstärkung der wichtigsten Tortürme mit runden Artilleriemänteln.

1560 Marktordnung (Einführung eines geregelten Börsenbetriebs).

1566 Errichtung des Handelsvorstands als Selbstverwaltungsorgan der Kaufleute.

1575 Verlegung des Gymnasiums nach Altdorf, wo es 1578 durch eine Akademie ergänzt wird.

1576 Tod von Hans Sachs.

1616–1622 Rathausneubau durch Jakob Wolff d. J.

1618 Beginn des 30-jährigen Krieges. Trotz Mitgliedschaft in der evangelischen Union bleibt Nürnberg neutral.

1621 Errichtung des Banco Publico.

1621 Als erstes Mitglied tritt Nürnberg aus der Union aus und löst damit ihre Auflösung aus.

1622 Die Akademie Altdorf wird zur Universität erhoben.

1622 Einwohnerzahl: ca. 50.000 Einwohner.

1631/32 Nürnberg schließt sich Gustav Adolf an.

1632 Stellungskrieg zwischen Gustav Adolf und Wallenstein vor den Toren Nürnbergs. Verwüstung des Nürnberger Umlands, Massensterben durch Seuchen.

1635 Im Prager Frieden kehrt Nürnberg zum Gehorsam gegen den Kaiser zurück.

1644 Gründung des Pegnesischen Blumenordens.

1649/50 Friedensexekutionskongress in Nürnberg.

1662	Gründung der Deutschen Malerakademie durch Joachim von Sandrart als erste private Akademie nördlich der Alpen.
1701–1714	Spanischer Erbfolgekrieg.
1729	Kooptation sechs neuer Familien ins Patriziat.
1730–1754	Erster Kaufmannsprozess gegen den patrizischen Rat.
1762	Im Siebenjährigen Krieg kapituliert der Rat vor einer preußischen Streifschar von 6.500 Mann.
1785	Erstmalige Insolvenz Nürnbergs.
1788	Kooptation dreier neuer Familien ins Patriziat.
1791	Bayern okkupiert Teile des Nürnberger Landgebiets.
1792	Gründung der »Gesellschaft zur Beförderung vaterländischer Industrie«.
1792	Einberufung der Ökonomieverbesserungs- und Rechnungsrevisionskommission.
1793/96	Romantische Entdeckung Nürnbergs durch Tieck und Wackenroder.
1794	Grundvertrag: Ende der Alleinherrschaft des Patriziats (13. Februar).
1795	Eierkuchenaufstand.
1796	Okkupation des Nürnberger Umlands durch Preußen (4. Juli).
1796	Erste französische Besetzung (9.–24. August). Flüchtung der Reichskleinodien.
1796	Ein freiwilliger Anschluss Nürnbergs an Preußen scheitert (2.9.–1.10.).
1797	Eine Kaiserliche Subdelegationskommission entmachtet den Rat und übernimmt die Verwaltung Nürnbergs.
1800/01	Zweite französische Besetzung Nürnbergs. Kunstraub.
1806	Dritte französische Besetzung Nürnbergs.
1806	Ende des Reiches. Nürnberg wird »Souveräner Staat« (12. August).
1806	Annexion Nürnbergs durch das Haus Wittelsbach (15. September).
1806	Einwohnerzahl: 25.126 Einwohner.
1818	Durch das Gemeindeedikt erhält Nürnberg eine begrenzte Selbstverwaltung.
1820	Tiefpunkt der Einwohnerzahl mit 23.491 Einwohnern.
1821	Gründung der Sparkasse.
1825	Eingemeindung der Gemeinden des »Burgfriedens«.

1835	Erste deutsche Eisenbahn zwischen Nürnberg und Fürth.
1843	Eröffnung der Teilstrecke Nürnberg-Bamberg des Ludwig-Donau-Main-Kanals.
1844	Eröffnung der Bahnlinie Nürnberg-Bamberg als erster Teilstrecke der im Bau befindlichen staatlichen bayerischen Süd-Nord-Bahn.
1847	Erstes Gaswerk Bayerns.
1848/49	Im Zuge der Märzrevolution kommt es zu Massenkundgebungen und politischen Vereinsgründungen.
1852	Gründung des Germanischen Nationalmuseums.
1855	Einwohnerzahl: fast 56.400.
1866	Aufhebung des Festungsstatus.
1867	Errichtung der Landesprodukten- und Warenbörse. Bis zum Ersten Weltkrieg bleibt Nürnberg der europäische Hauptumschlagplatz für Hopfen.
1869	Gründung des Bayerischen Gewerbemuseums (seit 1916 Bayerische Landesgewerbeanstalt).
1874	Einweihung der Hauptsynagoge am Hans-Sachs-Platz (1938 abgerissen).
1878	Im Zuge des Streits über Erhaltung oder Abriss der Stadtmauer Gründung des Vereins für Geschichte der Stadt Nürnberg.
1881	Einwohnerzahl: über 100.000 Einwohner.
1896	Einrichtung eines städtischen Elektrizitätswerks.
1897	Einrichtung eines neuen städtischen Krankenhauses.
1900	Einwohnerzahl: ca. über 260.000 Einwohner.
1906	Dritte Landesausstellung (nach 1882 und 1896) zur 100-Jahr-Feier der Zugehörigkeit Nürnbergs zu Bayern.
1910	Einwohnerzahl: ca. 330.000 Einwohner.
1912	Eröffnung des Tiergartens am Dutzendteich.
1919	Gründung der städtischen Handelshochschule (1961 Eingliederung als 6. Fakultät in die Universität Erlangen-Nürnberg).
1919	Gründung des städtischen Wohlfahrtsamtes.
1920	Der 1. FCN (»Club«) wird deutscher Fußballmeister (außerdem 1921, 1924, 1925, 1927, 1936, 1948, 1961 und 1968).
1921–1927	Erarbeitung des Jansenplans als Grundlage der künftigen Stadtentwicklung.
1925	Eröffnung des Verkehrsmuseums.
1931	Einwohnerzahl: 412.000 Einwohner.

1933 Letzte deutsche Großdemonstration gegen den Nazismus auf dem Hauptmarkt (12. Februar).

1933 Nach der Reichstagswahl am 5. März vom 9. März 1933 bis Herbst 1934 Machtübernahme der Nationalsozialisten und Gleichschaltung.

1933 Einweihung des neuen Flughafens.

1934 Beginn der Arbeiten am Reichsparteitagsgelände.

1935 Verkündung der »Nürnberger Gesetze«.

1939 Einwohnerzahl ca. 420.000.

1942–1945 Im Luftkrieg weitgehende Zerstörung Nürnbergs (95 % der Altstadt).

1945 Einwohnerzahl: 178.000 Einwohner.

1945–1949 Nürnberger Prozesse.

1947 Wiederaufbauwettbewerbe für Laien und Fachleute.

1949 Deutsche Bauausstellung.

1950 Erste deutsche Spielwarenmesse (seit 1958 internationale Fachmesse).

1950 Gründung der »Vereinigung der Altstadtfreunde«.

1952 Errichtung der Bundesanstalt für Arbeitsvermittlung und Arbeitslosenversicherung in Nürnberg (1969 Bundesanstalt für Arbeit, 2004 Bundesagentur für Arbeit).

1953 Bundesdienststelle für die Anerkennung ausländischer Flüchtlinge in Nürnberg (bis 1961 und wieder seit 1996, 2005 Bundesamt für Migration und Flüchtlinge).

1955 Eröffnung des heutigen Flughafens.

1957 Grundsteinlegung für Langwasser.

1967 Beginn des U-Bahn-Baus (Fahrbetrieb ab 1972).

1967 Scheitern des Köma-Projekts.

1969 Eröffnung des Franken-Einkaufszentrums in Langwasser.

1972 Einwohnerzahl erstmals über 500.000 Einwohner.

1972 Einweihung des Staatshafens am Rhein-Main-Donau-Kanal.

1973 Eröffnung des neuen Messezentrums.

1973 Gründung des Ausländerbeirats.

1981 Massenverhaftung im KOMM.

1987 Beginn des S-Bahn-Verkehrs.

1995 Erstmalige Verleihung des Internationalen Nürnberger Menschenrechtspreises.

1996 Ablehnung des Augustinerhofprojekts durch Volksentscheid.

1998	Gründung der Hochschule für Musik Nürnberg
1999	Einwohnerzahl: 486.713 Einwohner.
2000	Eröffnung der »Kulturmeile«, der »Historischen Meile« und des Neuen Museums für Kunst und Design. Umzug des Stadtarchivs vom Pellerhaus in die Norishalle.
2001	Eröffnung des Dokumentationszentrums Reichsparteitagsgelände.
2003	Das Stadttheater Nürnberg wird zum Staatstheater.
2005	Metropolregion Nürnberg.
2007	Schließung des AEG-Stammwerks.
2008	Deutschlands erste fahrerlose U-Bahn wird in Nürnberg in Betrieb genommen.
2009	Insolvenz des Versandhauses Quelle.
2010	Eröffnung des Memorium Nürnberger Prozesse (im Schwurgerichtssaal 600 des Nürnberger Justizgebäudes).
2012	Eröffnung des Neubaus der Stadtbibliothek.
2014	Eröffnung der Kunstvilla
2014	Das Bayerische Staatsministerium für Finanzen, für Landesentwicklung und Heimat bezieht mit dem Heimatministerium einen zweiten Dienstsitz in Nürnberg.
2015	Eröffnung der Internationalen Akademie Nürnberger Prinzipien.
2017	Das Bayerische Staatsministerium für Gesundheit und Pflege kommt nach Nürnberg.
2021	Das Zukunftsmuseum eröffnet als Zweigstelle des Deutschen Museums
2021	Gründung der Technischen Universität Nürnberg (UTN)
2022	Einwohnerzahl: 541.103
2023	38. Deutscher Evangelischer Kirchentag (7.–11. Juni)

Die Stadtoberhäupter Nürnbergs seit 1818

Erster Bürgermeister

1818–1821	Christian Gottfried Lorsch (1773–1830)
1821–1853	Jakob Friedrich Binder (1787–1856)
1854–1867	Maximilian von Waechter (1811–1884)
1867–1891	Karl Otto Frhr. Stromer von Reichenbach (1831–1891)

1892–1907	Johann Georg Ritter von Schuh (1846–1918), Freisinnige Volkspartei

Oberbürgermeister

1907–1913	Johann Georg Ritter von Schuh (1846–1918), Freisinnige Volkspartei
1914–1919	Otto Geßler (1875–1955), Fortschrittliche Volkspartei/DDP
1920–1933	Hermann Luppe (1874–1945), DDP
1933–1945	Willy Liebel (1897–1945), NSDAP
1945–1945	Julius Rühm (1882–1960), von den Alliierten eingesetzt
1945–1945	Martin Treu (1871–1952), SPD, von den Alliierten eingesetzt
1945–1948	Hans Ziegler (1877–1957), bis 1946 zunächst kommissar. OB, SPD
1948–1951	Otto Ziebill (1896–1978), SPD
1952–1957	Otto Bärnreuther (1908–1957), SPD
1957–1987	Andreas Urschlechter (1919–2011), SPD, ab 1982 parteilos
1987–1996	Peter Schönlein (*1939–2016), SPD
1996–2002	Ludwig Scholz (1937–2005), CSU
2002–2020	Ulrich Maly (*1960), SPD
seit 2020	Marcus König (*1980), CSU

Literatur (Auswahl)

Ammann, Hektor: Nürnbergs wirtschaftliche Stellung im Spätmittelalter, Nürnberg 1970 (Nürnberger Forschungen 13).

Bauernfeind, Martina: Bürgermeister Georg Ritter von Schuh. Stadtentwicklung in Erlangen und Nürnberg im Zeichen der Hochindustrialisierung 1878–1913, Nürnberg 2000 (Nürnberger Werkstücke zur Stadt- und Landesgeschichte 60).

Bauernfeind, Martina, und Metzger, Hans-Dieter (Hrg.): Rechte für Menschen – Menschenrechte. Ein Nürnberg-Lesebuch, Nürnberg 2014.

Bauernfeind, Martina: Kommerzienräte als Leitfiguren der Nürnberger Spielwarenbranche, in: Krauss, Marita (Hrg.), Die bayerischen

Kommerzienräte. Eine deutsche Wirtschaftselite von 1880 bis 1928, München 2016, S. 302–312.

Bauernfeind, Walter: Nürnberger Kommerzienräte 1880 bis 1928 – eine Strukturanalyse, in: Krauss, Marita (Hrg.), Die bayerischen Kommerzienräte. Eine deutsche Wirtschaftselite von 1880 bis 1928, München 2016, S. 91–101.

Baumann, Wolfgang/Diefenbacher, Michael/Herbers, Hiltrud/Krüger, Fred, und Wiktorin, Dorothea (Hgg.): Der Nürnberg Atlas. Vielfalt und Wandel der Stadt im Kartenbild, Köln 2007.

Beiträge zur Wirtschaftsgeschichte Nürnbergs, 2 Bde., Nürnberg 1967.

Braun, Matthias Klaus: Hitlers liebster Bürgermeister: Willy Liebel (1897–1945), Nürnberg 2012 (Nürnberger Werkstücke zur Stadt- und Landesgeschichte 71).

Braun, Matthias Klaus: Vom Erhalt zum Umgang. Zeppelintribüne und Zeppelinfeld am ehemaligen Reichsparteitagsgelände im erinnerungskulturellen Diskurs nach der Jahrtausendwende, in: Mitteilungen des Vereins für Geschichte der Stadt Nürnberg 110, 2023, S. 399–426.

Brockmann, Stephen: Nuremberg. The Imaginary Capital, Rochester/NY 2006.

Brunner, Horst/Hirschmann, Gerhard, und Schnelbögl, Fritz: Hans Sachs und Nürnberg. Bedingungen und Probleme reichsstädtischer Literatur. Hans Sachs zum 400. Todestag am 19. Januar 1976, Nürnberg 1976 (Nürnberger Forschungen 19).

Bühl-Gramer, Charlotte: Nürnberg 1850–1892. Stadtentwicklung, Kommunalpolitik und Stadtverwaltung im Zeichen von Industrialisierung und Urbanisierung, Nürnberg 2003 (Nürnberger Werkstücke zur Stadt- und Landesgeschichte 62).

Bußmann-Strelow, Gabriele: Kommunale Politik im Sozialstaat. Nürnberger Wohlfahrtspflege in der Weimarer Republik, Nürnberg 1997 (Nürnberger Werkstücke zur Stadt- und Landesgeschichte 58).

Der Sprung ins Dunkle. Die Region Nürnberg und der Erste Weltkrieg 1914–1918, Nürnberg 2014 (Ausstellungskatalog des Stadtarchivs Nürnberg et al.)

Diefenbacher, Michael: Nürnberg, die Goldene Bulle und Kaiser Karl IV., in: Verein zur Erhaltung der St. Lorenzkirche in Nürnberg (e.V.), NF 55 (2006), S. 3–18.

Diefenbacher, Michael: Schätze aus dem Stadtarchiv Nürnberg: Die Sigena-Urkunde vom 16. Juli 1050, in: Norica. Berichte und Themen aus dem Stadtarchiv Nürnberg 3 (2007), S. 30 f.

Diefenbacher, Michael, und Beyerstedt, Horst-Dieter: Nürnberg, in: Kulturelle Zentren der Frühen Neuzeit, hgg. von Wolfgang Adam und Siegrid Westphal in Verbindung mit Claudius Sittig. 3 Bde., Berlin 2012.

Diefenbacher, Michael, und Dietz, Hajo (Hgg.): Nürnberg von oben. Luftbilder damals und heute, Köln 2010.

Diefenbacher, Michael, und Endres, Rudolf (Hgg.): Stadtlexikon Nürnberg, 2. Auflage Nürnberg 2000.

Diefenbacher, Michael, und Zahlaus, Steven (Hgg.): Lexikon der Nürnberger Straßennamen, Nürnberg 2011 (Quellen und Forschungen zur Geschichte und Kultur der Stadt Nürnberg 36).

Endres, Rudolf: Nürnberg im 18. Jahrhundert, in: Mitteilungen des Vereins für Geschichte der Stadt Nürnberg 75, 1988, S. 133–153.

Endres, Rudolf, und Fleischmann, Martina: Nürnbergs Weg in die Moderne. Wirtschaft, Politik und Gesellschaft im 19. und 20. Jahrhundert, Nürnberg (1996).

Eser, Thomas, und Neuner, Stephanie: Nürnberg – Wie eine Sonne unter Mond und Sternen. Eine Blütenlese von Zitaten fremder Beobachter aus fünf Jahrhunderten, Nürnberg 2002.

Fehring, Günther P., und Ress, Anton, bearbeitet von Schwemmer, Wilhelm: Die Stadt Nürnberg (Kurzinventar), München ^{2}(1995) (Bayerische Kunstdenkmale X).

Fleischmann, Peter: Nürnberg mit Fürth und Erlangen. Von der Reichsstadt zur fränkischen Metropole, (Köln 1997) (DuMont Kunst-Reiseführer).

Fleischmann, Peter: Rat und Patriziat in Nürnberg. Die Herrschaft der Ratsgeschlechter vom 13. bis zum 18. Jahrhundert, 3 Bde., (Nürnberg 2008 (Nürnberger Forschungen 31).

Friedel, Birgit: Die Nürnberger Burg. Geschichte, Baugeschichte und Archäologie, o.O. 2007.

Grieb, Manfred H. (Hrg.): Nürnberger Künstlerlexikon. Bildende Künstler, Kunsthandwerker, Gelehrte, Sammler, Kulturschaffende und Mäzene vom 12. bis zur Mitte des 20. Jahrhunderts, München 2007.

Gruner, Gerhard: Nürnberg in Jahreszahlen, (Nürnberg 1999).

Hanschel, Hermann: Oberbürgermeister Hermann Luppe. Nürnberger Kommunalpolitik in der Weimarer Republik, Nürnberg 1977 (Nürnberger Forschungen 21).

Historisches Lexikon Bayerns, 2010 (URL:<http://www.historisches-lexikon-bayerns.de).

Imhoff, Christoph von (Hrg.): Berühmte Nürnberger aus neun Jahrhunderten, Nürnberg 1989.

Knöpfle. Franziska: Im Zeichen der »Soziokultur«. Hermann Glaser und die kommunale Kulturpolitik in Nürnberg, Nürnberg 2007 (Nürnberger Werkstücke zur Stadt- und Landesgeschichte 64).

Mertens, Rainer: Johannes Scharrer. Profil eines Reformers in Nürnberg zwischen Aufklärung und Romantik, Nürnberg 1996 (Nürnberger Werkstücke zur Stadt- und Landesgeschichte 57).

Mulzer, Erich: Baedeckers Nürnberg, Freiburg (2000).

Mulzer, Erich: Geographische Gedanken zur Mittelalterlichen Entwicklung Nürnbergs, in: Mitteilungen der fränkischen geographischen Gesellschaft 10 (1963) S. 237–265.

Neuhaus, Helmut (Hrg.): Nürnberg. Eine europäische Stadt in Mittelalter und Neuzeit, Nürnberg 2000 (Nürnberger Forschungen 29).

Nürnberg im Wandel der Zeit. Redaktion: Stadtarchiv Nürnberg, Autorinnen und Autoren: Ruth Bach-Damaskinos, Horst-Dieter Beyerstedt, Michael Diefenbacher, Daniela Stadler, Steven M. Zahlaus, Redakteur der Firmenporträts: Thomas Tjiang, Olching ^{2}2021.

Paas, John Roger (Hrg.): Der Franken Rom. Nürnbergs Blütezeit in der zweiten Hälfte des 17. Jahrhunderts, Wiesbaden 1995.

Pfeiffer, Gerhard (Hrg.): Nürnberg – Geschichte einer europäischen Stadt, München 1982 (ND der 1. Auflage 1971).

Pfeiffer, Gerhard (Hrg.): Geschichte Nürnbergs in Bilddokumenten, München 1970.

Politik. Macht. Kultur. Nürnberg und Lauf unter Kaiser Karl IV. und seinen Nachfolgern, Nürnberg 2019 (Aufsatzband hg. Julia Lehner)

Radlmaier, Steffen (Hrg.): Das Nürnberg Lesebuch, Cadolzburg ^{2}2010.

Reicke, Emil: Geschichte der Reichsstadt Nürnberg von dem ersten urkundlichen Nachweis ihres Bestehens bis zu ihrem Übergang an das Königreich Bayern (1806), Nürnberg 1896 (Fotomechanischer Neudruck Neustadt/Aisch 1983).

Schieber, Martin: Geschichte Nürnbergs, (München 2007).

Schmid, Wolfgang: Dürer als Unternehmer. Kunst, Humanismus und Ökonomie in Nürnberg um 1500, Trier 2003.

Schultheiss, Werner: Kleine Geschichte Nürnbergs, Nürnberg ^{2}1987.

Seiderer, Georg: Formen der Aufklärung in fränkischen Städten. Ansbach, Bamberg und Nürnberg im Vergleich, München 1997 (Schriftenreihe zur bayerischen Landesgeschichte 114).
Stadt Nürnberg (Hrg.): Nürnberg in Zahlen 2023, Nürnberg 2023.
Stromer, Wolfgang von: Oberdeutsche Hochfinanz 1350–1450. 3 Bände, Wiesbaden 1970.
Vom Adler zum Löwen. Die Region Nürnberg wird bayerisch 1775–1835, Nürnberg 2006 (Ausstellungskatalog des Stadtarchivs Nürnberg 17).
Wachter, Clemens: Kultur in Nürnberg 1945–1950. Kulturpolitik, kulturelles Leben und Bild der Stadt zwischen dem Ende der NS-Diktatur und der Prosperität der fünfziger Jahre, Nürnberg 1999 (Nürnberger Werkstücke zur Stadt- und Landesgeschichte 59).
Weber, Andreas: Die Nürnberger Judengemeinde 1349–1499. Politische Handlungsspielräume jüdischer Akteure im Spätmittelalter, Nürnberg 2022 (Schriften des Geschäftsbereich Kultur der Bürgermeisterin der Stadt Nürnberg 6)
Weimarer Republik Nürnberg 1918–1933, 2 Bde. Nürnberg 2021 (Ausstellungskatalog des Stadtarchivs Nürnberg 28)
Wiederaufbau in Nürnberg, Nürnberg 2009 (Ausstellungskatalog des Stadtarchivs Nürnberg und der Museen der Stadt Nürnberg 19).
Wiest, Ekkehard: Die Entwicklung des Nürnberger Gewerbes zwischen 1648 und 1806, Stuttgart 1968 (Forschungen zur Sozial- und Wirtschaftsgeschichte 12).
Windsheimer, Bernd, und Fleischmann, Martina: Nürnberg-Langwasser. Geschichte eines Stadtteils, (Nürnberg 1995).
Zelnhefer, Siegfried: Die Reichsparteitage der NSDAP. Geschichte, Struktur und Bedeutung der größten Propagandafeste im nationalsozialistischen Feierjahr, Nürnberg 1991 (Nürnberger Werkstücke zur Stadt- und Landesgeschichte 46).

Register

Ortsregister (Nürnberg)

Ortsregister (allgemein)

Personen

BayernAtlas

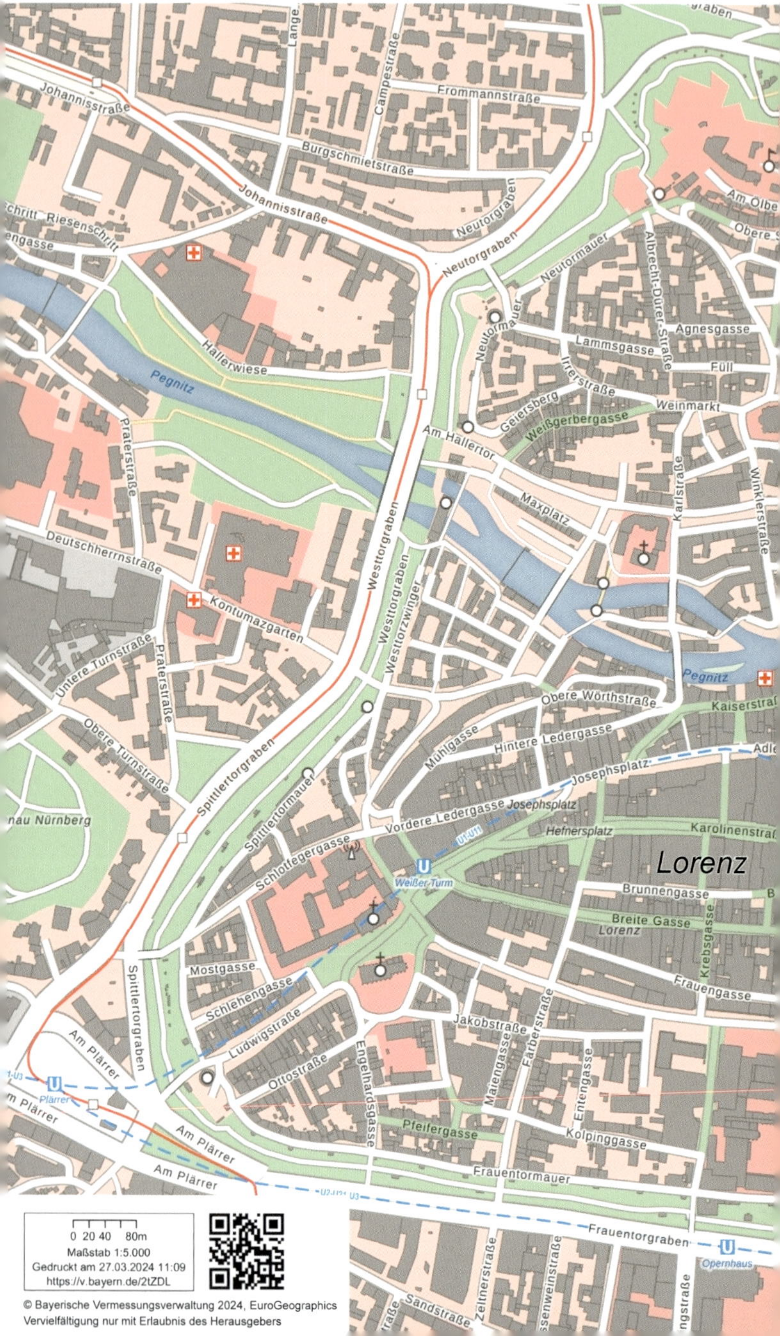

0 20 40 80m
Maßstab 1:5.000
Gedruckt am 27.03.2024 11:09
https://v.bayern.de/2tZDL

Bayerisches Staatsministerium
der Finanzen und für Heimat

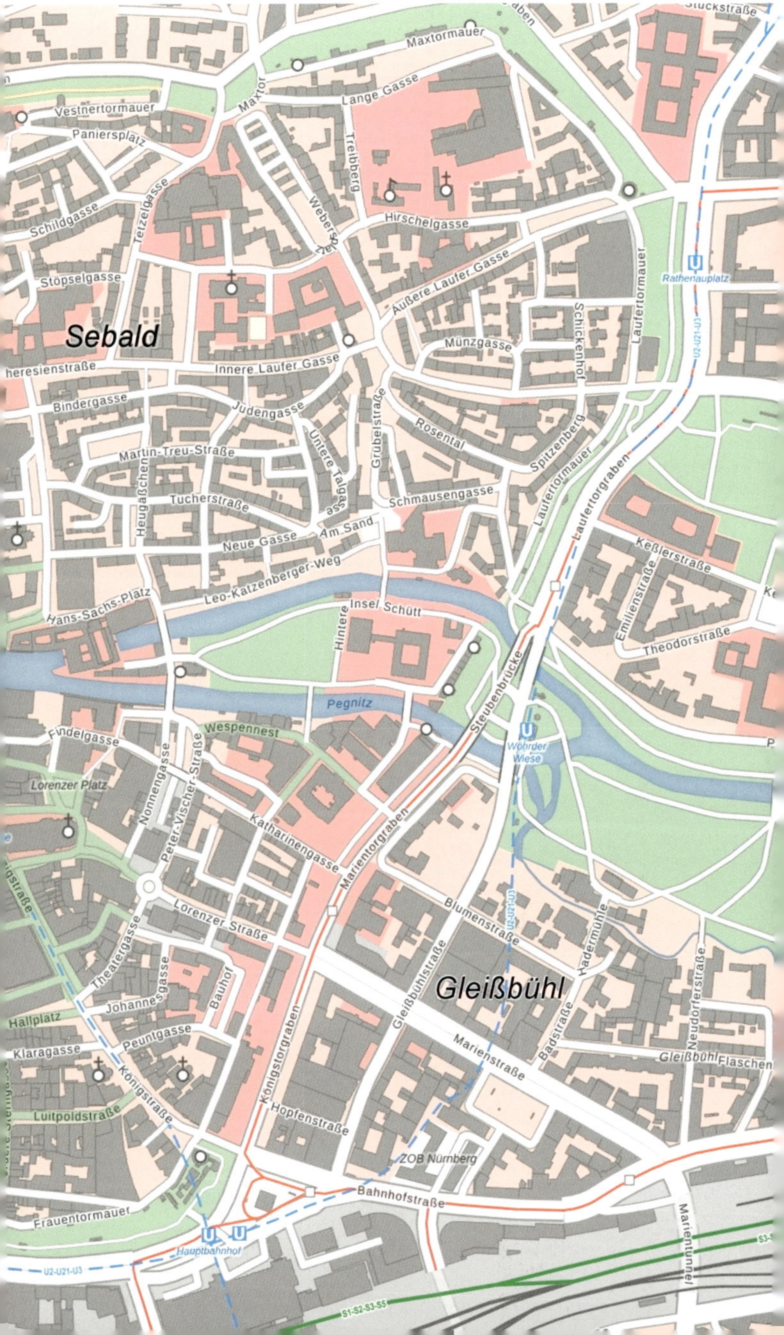

Internetadressen

www.nuernberg.de (offizielle Homepage der Stadt Nürnberg)
www.stadtarchiv.nuernberg.de (Stadtarchiv)
www.stadtbibliothek.nuernberg.de (Stadtbibliothek)
www.museen.nuernberg.de (Museen der Stadt Nürnberg)

www.gda.bayern.de (Staatsarchiv)
www.archiv-elkb.de (Landeskirchliches Archiv)
www.gnm.de (Germanisches Nationalmuseum)
www.dbmuseum.de (Firmenmuseum der Deutschen Bahn AG im Verkehrsmuseum)
www.mfk-nuernberg.de (Museum für Kommunikation Nürnberg)

www.stadtarchiv.nuernberg.de/vgn (Verein für Geschichte der Stadt Nürnberg)
www.geschichte-fuer-alle.de (Geschichte für Alle e.V.)
www.altstadtfreunde-nuernberg.de (Altstadtfreunde Nürnberg e.V.)
www.foerderverein-khm-nuernberg.de (Förderverein Kulturhistorisches Museum Nürnberg)

www.nordbayern.de/nuernberger-nachrichten (Nürnberger Nachrichten)
www.nordbayern.de/nuernberger-zeitung (Nürnberger Zeitung)

www.tourismus.nuernberg.de (Congress- und Tourismus-Zentrale)

Bildnachweis

Airport Nürnberg/Tim Käferlein: S. 161
Amt für Geoinformation und Bodenordnung, Nürnberg: Stadtplan
Fotolia.com: S. 64 (animaflora), 79 (carso80),Umschlagrückseite (ansi 29)
Germanisches Nationalmuseum Nürnberg: S. 71
http://commons.wikimedia.org: S. 12
http://pixelio.de: S. 33 (traveldia), 44 (Petra Dirscherl), 69 (kladu)
Stadtbibliothek Nürnberg, Amb. 317.2°, f. 40v: S. 37

Sämtliche übrigen Bilder im Innenteil stellte uns freundlicherweise das Stadtarchiv Nürnberg zur Verfügung.